Réussir sa vie : les secrets des leaders

Pascal Leroy

Published by Pascal Leroy, 2024.

While every precaution has been taken in the preparation of this book, the publisher assumes no responsibility for errors or omissions, or for damages resulting from the use of the information contained herein.

RÉUSSIR SA VIE : LES SECRETS DES LEADERS

First edition. May 30, 2024.

ISBN: 979-8224080717

Written by Pascal Leroy.

Réussir sa vie : les secrets des leaders

SOMMAIRE :

Chapitre 1 : Introduction à la Réussite
1.1 Définir le Succès

Le succès est un concept complexe et subjectif, qui varie grandement d'une personne à l'autre. Pour certains, le succès peut signifier l'atteinte de la richesse matérielle, pour d'autres, il peut se traduire par la réalisation d'objectifs personnels, la satisfaction professionnelle, le bonheur familial ou l'épanouissement spirituel. Avant de pouvoir réussir, il est crucial de comprendre ce que le succès signifie pour vous personnellement. Définir le succès de manière claire et précise est la première étape pour l'atteindre.

Le Succès selon les Normes Sociétales

Les normes sociétales ont souvent un impact sur notre perception du succès. La société tend à valoriser certaines formes de réussite, telles que :

- **La richesse** : Avoir une situation financière confortable ou même prospère.
- **La reconnaissance professionnelle** : Atteindre un certain statut ou poste dans sa carrière.
- **Le pouvoir et l'influence** : Être capable de diriger, influencer et avoir un impact sur les autres.

Ces critères, bien que souvent valorisés, ne sont pas les seuls indicateurs de succès. Il est important de ne pas se laisser emprisonner par des définitions imposées par la société si elles ne correspondent pas à vos aspirations personnelles.

Le Succès Personnel

Définir le succès pour soi-même implique une introspection profonde et honnête. Posez-vous les questions suivantes :

- **Qu'est-ce qui me rend vraiment heureux ?**
- **Quels sont mes objectifs à long terme ?**
- **Quelles valeurs sont importantes pour moi ?**
- **Quelles compétences ou talents voudrais-je développer ?**
- **Quelle est ma vision idéale de la vie ?**

Les réponses à ces questions vous aideront à formuler une définition du succès qui est en accord avec vos aspirations et vos valeurs personnelles.

Le Succès dans les Différents Aspects de la Vie

Le succès peut être multidimensionnel et toucher divers aspects de la vie. Voici quelques domaines où vous pouvez rechercher le succès :

- **Professionnel** : Atteindre vos objectifs de carrière, trouver un travail qui vous passionne, ou lancer une entreprise prospère.
- **Personnel** : Développer des relations épanouissantes, trouver un équilibre entre vie professionnelle et vie personnelle, ou atteindre des objectifs personnels tels que voyager, apprendre de nouvelles compétences ou hobbies.
- **Santé** : Maintenir une bonne santé physique et mentale, adopter un mode de vie sain et équilibré.
- **Financier** : Gérer vos finances de manière efficace, atteindre l'indépendance financière, ou créer de la richesse.
- **Spiritualité** : Trouver un sens et un but dans la vie, pratiquer la méditation ou toute autre activité qui nourrit votre âme.

Le Succès à Travers le Temps

Votre définition du succès peut évoluer avec le temps. Ce qui était important pour vous il y a dix ans peut ne plus l'être aujourd'hui. Il est donc essentiel de réévaluer périodiquement vos objectifs et vos aspirations pour vous assurer qu'ils sont toujours en alignement avec votre vision actuelle de la réussite.

Mesurer le Succès

Une fois que vous avez défini ce que le succès signifie pour vous, il est important de trouver des moyens de mesurer vos progrès. Fixer des objectifs spécifiques, mesurables, atteignables, pertinents et temporellement définis (SMART) est une méthode efficace pour suivre votre parcours vers la réussite.

- **Spécifique** : Soyez précis sur ce que vous voulez accomplir.
- **Mesurable** : Établissez des critères concrets pour mesurer vos progrès.
- **Atteignable** : Assurez-vous que vos objectifs sont réalistes et réalisables.
- **Pertinent** : Choisissez des objectifs qui sont importants pour vous.
- **Temporellement défini** : Fixez des échéances pour atteindre vos objectifs.

Conclusion

Définir le succès est une étape cruciale sur le chemin de la réussite. En comprenant ce que signifie réellement le succès pour vous, en alignant vos objectifs avec vos valeurs et aspirations personnelles, et en mesurant vos progrès de manière efficace, vous pouvez créer une feuille de route claire pour atteindre vos rêves et vivre une vie épanouissante. Le succès n'est pas une destination unique, mais un voyage continu d'accomplissement et de croissance.

1.2 Les Fondements de la Réussite

Pour comprendre comment atteindre la réussite, il est essentiel d'explorer ses fondements. Ces piliers sont universels et transcendent les différences individuelles, fournissant une base solide sur laquelle bâtir une vie réussie. Les fondements de la réussite incluent la vision, la discipline, la résilience, et les relations. En combinant ces éléments, vous pouvez créer un cadre robuste pour atteindre vos objectifs et vivre une vie épanouie.

La Vision : Savoir Où Vous Allez

Une vision claire est le premier fondement de la réussite. Elle agit comme une boussole qui guide toutes vos actions et décisions. Pour définir votre vision, posez-vous les questions suivantes :

- **Quelle est ma mission dans la vie ?**
- **Quelles sont mes passions et mes talents ?**
- **Quel impact souhaite-je avoir sur le monde ?**

Avoir une vision claire vous permet de rester concentré et motivé, même lorsque les choses deviennent difficiles. Cette vision doit être suffisamment ambitieuse pour vous inspirer, mais aussi réaliste pour être atteignable.

La Discipline : Le Pouvoir de la Consistance

La discipline est le deuxième pilier de la réussite. C'est la capacité de rester engagé et de suivre votre plan, même lorsque vous n'en avez pas envie. La discipline vous permet de transformer vos visions et objectifs en réalités tangibles. Voici quelques conseils pour renforcer votre discipline :

- **Établissez des routines quotidiennes** : Les routines aident à automatiser vos actions et à réduire la nécessité de la motivation constante.

- **Fixez des objectifs clairs et précis** : Des objectifs bien définis vous donnent une direction et facilitent la gestion de votre temps.
- **Surveillez vos progrès** : Gardez une trace de vos réalisations pour rester motivé et ajuster votre approche si nécessaire.

La Résilience : Rebondir Face aux Difficultés

La résilience est la capacité à se remettre des échecs et des revers. Aucun chemin vers la réussite n'est exempt de défis et d'obstacles. La résilience vous permet de voir les échecs non pas comme des fins, mais comme des opportunités d'apprentissage et de croissance. Pour développer la résilience :

- **Adoptez une mentalité de croissance** : Voyez les défis comme des occasions d'apprendre et de s'améliorer.
- **Entourez-vous de soutien** : Avoir un réseau de soutien solide peut vous aider à surmonter les moments difficiles.
- **Pratiquez l'auto-compassion** : Soyez bienveillant envers vous-même lorsque vous faites face à des échecs. Reconnaissez vos efforts et vos progrès.

Les Relations : Le Réseau de Soutien

Les relations jouent un rôle crucial dans la réussite. Que ce soit des mentors, des collègues, des amis ou la famille, les relations vous offrent un soutien émotionnel, des conseils, et parfois même des opportunités inattendues. Pour cultiver des relations positives :

- **Soyez authentique** : La sincérité et l'honnêteté sont les bases de relations solides.
- **Investissez du temps et des efforts** : Comme toute chose précieuse, les bonnes relations nécessitent de l'entretien.
- **Offrez de l'aide** : Soyez prêt à soutenir les autres, et ils seront

plus enclins à vous aider en retour.

L'Éducation et l'Apprentissage Continu

L'éducation est un autre fondement clé de la réussite. Que ce soit par la lecture, la formation continue, ou l'apprentissage par l'expérience, se maintenir informé et compétent dans votre domaine est crucial. L'apprentissage continu vous permet de rester pertinent et d'adapter vos stratégies aux évolutions du monde.

La Gestion du Temps et des Ressources

La gestion efficace du temps et des ressources est essentielle pour maximiser votre productivité et minimiser le stress. Cela implique de prioriser vos tâches, d'éviter les distractions et d'utiliser vos ressources de manière judicieuse. Voici quelques stratégies pour une meilleure gestion du temps :

- **Planifiez vos journées** : Utilisez des outils comme les agendas et les listes de tâches pour organiser votre temps.
- **Déléguez lorsque c'est possible** : Ne faites pas tout vous-même. Confiez certaines tâches à d'autres pour vous concentrer sur ce qui est vraiment important.
- **Prenez des pauses** : Évitez le burn-out en prenant des pauses régulières pour recharger vos batteries.

L'Adaptabilité et l'Innovation

Le monde est en constante évolution, et la capacité à s'adapter aux changements est cruciale pour la réussite. L'innovation, ou la capacité à trouver des solutions créatives à de nouveaux problèmes, est également un facteur clé. Soyez ouvert aux nouvelles idées et prêt à ajuster vos plans en fonction des circonstances.

Conclusion

Les fondements de la réussite — la vision, la discipline, la résilience, les relations, l'éducation, la gestion du temps et l'innovation — forment un cadre solide pour atteindre vos objectifs. En cultivant ces qualités et en les intégrant dans votre vie quotidienne, vous pouvez construire une base solide pour une vie réussie et épanouissante. La réussite n'est pas une destination fixe, mais un voyage continu qui exige une attention constante à ces principes fondamentaux.

1.3 Pourquoi Certains Réussissent et d'Autres Non

La question de savoir pourquoi certains individus réussissent tandis que d'autres échouent est complexe et multifactorielle. Plusieurs éléments entrent en jeu, allant des traits de personnalité aux circonstances extérieures, en passant par les choix personnels et les opportunités disponibles. Comprendre ces facteurs peut offrir des perspectives précieuses sur ce qui distingue ceux qui réussissent de ceux qui ne parviennent pas à atteindre leurs objectifs.

L'Attitude Mentale

L'attitude mentale joue un rôle crucial dans la réussite. Les personnes qui réussissent ont souvent une mentalité de croissance, ce qui signifie qu'elles croient en leur capacité à s'améliorer et à apprendre de leurs erreurs. Cette mentalité les pousse à :

- **Adopter une attitude positive** : Voir les défis comme des opportunités plutôt que des obstacles.
- **Accepter l'échec** : Considérer l'échec comme une partie du processus d'apprentissage plutôt qu'une fin en soi.
- **Se fixer des objectifs ambitieux** : Ne pas se contenter de ce qui est facile, mais viser toujours plus haut.

En revanche, ceux qui échouent tendent à avoir une mentalité fixe, croyant que leurs capacités sont immuables et qu'ils ne peuvent pas changer ou s'améliorer.

La Détermination et la Persévérance

La détermination est une autre qualité essentielle pour la réussite. Les individus qui réussissent ne se laissent pas décourager par les obstacles ou les revers. Ils continuent à travailler dur et à avancer, même lorsque les choses deviennent difficiles. Cette persévérance leur permet de :

- **Surmonter les difficultés** : Ils ne fuient pas les problèmes mais cherchent activement des solutions.
- **Rester motivés** : Ils gardent leur objectif final en vue et restent motivés même lors des moments de doute.
- **S'engager pleinement** : Ils mettent le temps et les efforts nécessaires pour atteindre leurs objectifs.

Les personnes qui abandonnent trop facilement, en revanche, manquent souvent de cette persévérance et de cette détermination.

Les Habitudes et la Discipline

Les habitudes jouent un rôle clé dans la réussite. Les personnes qui réussissent ont tendance à avoir des habitudes quotidiennes qui soutiennent leurs objectifs. Cela inclut :

- **La gestion efficace du temps** : Ils planifient leurs journées et priorisent leurs tâches.
- **La discipline personnelle** : Ils respectent leurs engagements et maintiennent une routine productive.
- **L'apprentissage continu** : Ils investissent constamment dans leur développement personnel et professionnel.

Les individus qui n'atteignent pas leurs objectifs manquent souvent de discipline et de bonnes habitudes, ce qui entrave leur progression.

Les Réseaux et les Relations

Les relations et les réseaux sociaux jouent également un rôle significatif. Ceux qui réussissent comprennent l'importance de s'entourer de personnes positives et de bâtir des relations solides. Cela leur permet de :

- **Obtenir des conseils et du mentorat** : Ils apprennent des expériences des autres et bénéficient de conseils précieux.
- **Accéder à des opportunités** : Un bon réseau peut ouvrir des portes et offrir des opportunités inattendues.
- **Recevoir du soutien émotionnel** : Avoir des personnes de confiance autour d'eux pour les soutenir dans les moments difficiles.

En revanche, ceux qui négligent leurs relations peuvent manquer de soutien crucial et d'opportunités.

La Flexibilité et l'Adaptabilité

La capacité à s'adapter aux changements est une autre caractéristique des personnes qui réussissent. Elles comprennent que le monde est en constante évolution et qu'elles doivent être flexibles pour s'ajuster à de nouvelles situations. Cela inclut :

- **Être ouvert au changement** : Ne pas résister aux nouvelles idées ou aux nouvelles méthodes.
- **Innover constamment** : Chercher des moyens de s'améliorer et de rester pertinent.
- **Réévaluer et ajuster** : Savoir quand changer de stratégie ou de direction.

Ceux qui échouent sont souvent rigides et réticents au changement, ce qui les rend vulnérables aux perturbations.

La Prise de Décision et le Risque Calculé

Prendre des décisions efficaces et être prêt à prendre des risques calculés sont des éléments clés de la réussite. Les leaders réussis :

- **Prennent des décisions informées** : Ils collectent les informations nécessaires avant de prendre une décision.
- **Évaluent les risques** : Ils analysent les avantages et les

inconvénients avant de s'engager dans une nouvelle direction.
- **Agissent avec confiance** : Une fois qu'ils ont pris une décision, ils agissent avec détermination.

Ceux qui échouent hésitent souvent à prendre des décisions ou prennent des risques sans une évaluation adéquate, ce qui peut mener à des échecs.

La Gestion de l'Échec

Enfin, la manière dont une personne gère l'échec peut déterminer son succès futur. Ceux qui réussissent :

- **Apprennent de leurs erreurs** : Ils analysent ce qui n'a pas fonctionné et ajustent leur approche.
- **Rebondissent rapidement** : Ils ne se laissent pas abattre par l'échec et reprennent rapidement leurs efforts.
- **Maintiennent une perspective positive** : Ils gardent à l'esprit que chaque échec est une étape vers le succès.

Les personnes qui ne réussissent pas peuvent se laisser submerger par l'échec, perdre leur motivation et abandonner leurs objectifs.

Conclusion

La réussite n'est pas le fruit du hasard. Elle résulte d'une combinaison de mentalité positive, de détermination, de bonnes habitudes, de relations solides, de flexibilité, de prise de décision judicieuse et de gestion efficace de l'échec. En cultivant ces qualités et en adoptant ces comportements, vous pouvez augmenter considérablement vos chances de succès. Comprendre pourquoi certains réussissent et d'autres non est essentiel pour tracer votre propre chemin vers la réussite et réaliser vos aspirations.

Chapitre 2 : L'Importance de la Vision

2.1 Créer une Vision Claire

La création d'une vision claire est une étape fondamentale pour atteindre le succès. Une vision agit comme une boussole, orientant vos actions et vos décisions vers un objectif précis. Elle vous aide à rester concentré, motivé et déterminé, même face aux obstacles. Dans ce sous-chapitre, nous explorerons l'importance de créer une vision claire, les étapes pour la définir et comment la maintenir vivante et inspirante tout au long de votre parcours.

L'Importance d'une Vision Claire

Avoir une vision claire est essentiel pour plusieurs raisons :

- **Direction** : Elle vous offre un sens de direction, vous permettant de savoir où vous allez et pourquoi.
- **Motivation** : Une vision inspirante vous motive à persévérer, même dans les moments difficiles.
- **Décision** : Elle facilite la prise de décision en vous fournissant un cadre de référence pour évaluer les choix et les opportunités.
- **Focus** : Elle vous aide à concentrer vos efforts sur ce qui compte vraiment, en évitant les distractions.

Étapes pour Définir Votre Vision

1. **Réflexion Introspective**
   - Prenez du temps pour réfléchir à vos aspirations, vos valeurs et ce qui est vraiment important pour vous. Posez-vous des questions telles que :
     - Qu'est-ce qui me passionne ?
     - Quels sont mes talents et mes compétences

uniques ?
- Quel impact veux-je avoir sur ma vie et celle des autres ?
  - Écrivez vos pensées et idées pour clarifier ce qui vous tient vraiment à cœur.

2. **Fixation des Objectifs**
   - Définissez des objectifs spécifiques, mesurables, atteignables, pertinents et temporellement définis (SMART). Ces objectifs doivent être en alignement avec votre vision globale.
   - Exemple : Si votre vision est de devenir un leader dans votre domaine professionnel, un objectif SMART pourrait être d'obtenir un certain poste ou de lancer un projet innovant d'ici deux ans.

3. **Création d'un Énoncé de Vision**
   - Rédigez un énoncé de vision qui encapsule votre but ultime et les raisons pour lesquelles vous voulez l'atteindre.
   - Exemple : "Ma vision est de créer un environnement de travail où l'innovation et le bien-être des employés sont prioritaires, afin de transformer positivement notre industrie."

4. **Visualisation**
   - Utilisez des techniques de visualisation pour imaginer en détail votre vision réalisée. Comment vous sentez-vous ? Quels sont les résultats concrets ?
   - La visualisation régulière peut renforcer votre motivation et rendre votre vision plus tangible et réalisable.

Maintenir une Vision Vivante et Inspirante

1. **Révision et Adaptation**

- Revoyez régulièrement votre vision pour vous assurer qu'elle reste pertinente et alignée avec vos aspirations actuelles. Les circonstances et vos objectifs peuvent évoluer, et votre vision doit s'adapter en conséquence.
- Ajustez vos objectifs et vos plans d'action en fonction de nouvelles informations et expériences.

2. **Intégration Quotidienne**
   - Intégrez votre vision dans votre routine quotidienne. Rappelez-vous régulièrement pourquoi vous faites ce que vous faites et comment chaque action contribue à la réalisation de votre vision.
   - Utilisez des affirmations positives et des rappels visuels (comme un tableau de vision) pour garder votre vision présente dans votre esprit.

3. **Partage de Votre Vision**
   - Partagez votre vision avec des personnes de confiance qui peuvent vous soutenir et vous encourager. Discuter de vos aspirations avec d'autres peut renforcer votre engagement et vous apporter des perspectives utiles.
   - Recherchez des mentors ou des groupes de soutien qui partagent des objectifs similaires et peuvent offrir des conseils et des encouragements.

4. **Célébration des Réussites**
   - Célébrez vos progrès et vos réussites, même les petites victoires. Chaque étape franchie vous rapproche de votre vision et mérite d'être reconnue.
   - La célébration renforce la motivation et vous rappelle l'importance de continuer à avancer.

Conclusion

Créer une vision claire est une étape cruciale pour atteindre le succès. Elle vous donne une direction, maintient votre motivation et guide vos décisions. En définissant soigneusement votre vision, en la révisant régulièrement et en l'intégrant dans votre vie quotidienne, vous pouvez rester sur la bonne voie et transformer vos aspirations en réalité. Une vision claire n'est pas seulement une destination finale, mais un guide constant qui vous aide à naviguer les défis et à saisir les opportunités sur votre chemin vers la réussite.

2.2 Visualisation et Réalisation

La visualisation est une technique puissante qui permet de transformer une vision en réalité. Elle consiste à imaginer de manière détaillée et vivide vos objectifs et le chemin pour les atteindre. La visualisation prépare votre esprit et votre corps à agir conformément à votre vision, augmentant ainsi vos chances de succès. Dans ce sous-chapitre, nous allons explorer les principes de la visualisation, les étapes pour la pratiquer efficacement, et comment elle contribue à la réalisation de vos objectifs.

Les Principes de la Visualisation

La visualisation repose sur plusieurs principes psychologiques et neurologiques qui en font une méthode efficace pour atteindre vos objectifs :

- **Activation des neurones** : Imaginer une action active les mêmes neurones que si vous la réalisiez réellement, préparant ainsi votre esprit et votre corps à passer à l'action.
- **Renforcement de la motivation** : Visualiser vos objectifs atteints renforce votre motivation en rendant les bénéfices de vos efforts plus tangibles et réels.
- **Réduction de l'anxiété** : En vous familiarisant mentalement avec les étapes à franchir, la visualisation peut réduire l'anxiété et augmenter votre confiance en vous.

Étapcs pour Pratiquer la Visualisation

1. **Choisir un Environnement Calme**
   - Trouvez un endroit tranquille où vous ne serez pas dérangé. La visualisation nécessite de la concentration et un environnement propice à la relaxation.

- Asseyez-vous confortablement ou allongez-vous, fermez les yeux et prenez quelques respirations profondes pour vous détendre.

2. **Définir un Objectif Clair**

- Avant de commencer, clarifiez l'objectif que vous souhaitez visualiser. Soyez précis sur ce que vous voulez atteindre et pourquoi.
- Exemple : Si votre objectif est de donner une conférence avec succès, définissez ce que signifie le succès pour vous (parler avec aisance, captiver l'audience, recevoir des éloges).

3. **Créer des Détails Vivants**

- Imaginez votre objectif atteint avec autant de détails que possible. Engagez tous vos sens : visualisez les images, entendez les sons, ressentez les émotions, sentez les odeurs, et même les goûts associés à votre succès.
- Exemple : Pour la conférence, imaginez la scène, l'éclairage, le son de votre voix, les visages attentifs dans le public, votre sentiment de confiance et de satisfaction.

4. **Répéter Régulièrement**

- Pratiquez la visualisation régulièrement, de préférence tous les jours. La répétition renforce les connexions neuronales et ancre l'image de votre succès dans votre esprit.
- Consacrez quelques minutes chaque jour à visualiser vos objectifs dans un état de relaxation profonde.

La Visualisation Active

La visualisation active va au-delà de la simple imagination et inclut des actions concrètes pour préparer le terrain à la réalisation de vos objectifs :

- **Simulations Mentales** : Imaginez les étapes nécessaires pour atteindre votre objectif. Répétez mentalement les actions que vous devez entreprendre.
    - Exemple : Pour la conférence, visualisez-vous en train de préparer votre discours, répéter devant un miroir, ajuster votre présentation en fonction des retours, et finalement monter sur scène.
- **Scénarios de Répétition** : Anticipez les obstacles possibles et visualisez-vous en train de les surmonter. Cette préparation mentale vous permet de réagir plus efficacement aux défis réels.
    - Exemple : Imaginez que vous oubliez une partie de votre discours, et visualisez-vous en train de gérer la situation avec calme, en utilisant des notes ou en improvisant.
- **Renforcement Positif** : Après chaque visualisation, associez des émotions positives à votre succès. Ressentez la joie, la fierté et l'accomplissement comme si vous aviez déjà atteint votre objectif.
    - Cette technique renforce la croyance en votre capacité à réussir et maintient un état d'esprit positif.

Comment la Visualisation Contribue à la Réalisation

1. **Préparation Mentale et Émotionnelle**
    - La visualisation prépare votre esprit à reconnaître et à saisir les opportunités qui se présentent. Elle crée une familiarité avec le succès qui réduit le stress et

augmente votre résilience.

- En visualisant régulièrement, vous conditionnez votre cerveau à s'attendre à réussir, ce qui influence positivement vos actions et vos décisions.

2. **Renforcement de la Confiance en Soi**

- En vous voyant régulièrement réussir, vous renforcez votre confiance en vos capacités. Cette confiance accrue se manifeste dans votre attitude et vos comportements, augmentant ainsi vos chances de succès.
- La visualisation vous permet de vous voir sous votre meilleur jour, ce qui motive à agir de manière cohérente avec cette image positive.

3. **Amélioration de la Performance**

- La visualisation est utilisée par les athlètes et les professionnels pour améliorer leurs performances. En répétant mentalement des tâches complexes, vous perfectionnez vos compétences et préparez votre corps à exécuter les mouvements avec précision.
- Exemple : Les athlètes visualisent leurs performances pour améliorer la coordination, la technique et la concentration, ce qui se traduit par de meilleures performances réelles.

4. **Manifestation des Opportunités**

- En focalisant votre esprit sur vos objectifs, la visualisation aide à attirer les opportunités et les ressources nécessaires à leur réalisation. Vous devenez plus attentif aux signes et aux occasions qui peuvent vous aider à progresser.
- Cette focalisation crée un effet de « synchronicité », où les bonnes opportunités semblent se manifester au bon moment.

Conclusion

La visualisation est une technique puissante qui, lorsqu'elle est pratiquée régulièrement et correctement, peut transformer votre vision en réalité. En engageant votre esprit et vos émotions dans le processus, vous préparez votre cerveau à reconnaître et à saisir les opportunités, à surmonter les obstacles et à persévérer jusqu'à la réalisation de vos objectifs. Intégrez la visualisation dans votre routine quotidienne pour maximiser votre potentiel et concrétiser vos aspirations. La visualisation n'est pas seulement un outil de rêve, mais un catalyseur de l'action et du succès.

2.3 Maintenir le Cap

Maintenir le cap vers votre vision est essentiel pour assurer une progression continue et atteindre vos objectifs. Le voyage vers la réalisation de votre vision est souvent long et parsemé d'obstacles. Il est donc crucial de développer des stratégies pour rester concentré, motivé et résilient. Dans ce sous-chapitre, nous aborderons les moyens de maintenir le cap, de surmonter les défis et de rester aligné avec votre vision.

L'Importance de la Persévérance

La persévérance est la clé pour maintenir le cap. Elle vous permet de continuer à avancer malgré les difficultés et les revers. Voici quelques raisons pour lesquelles la persévérance est essentielle :

- **Résilience face aux obstacles** : La persévérance vous aide à surmonter les défis et à voir les échecs comme des opportunités d'apprentissage.
- **Engagement à long terme** : Elle renforce votre engagement envers vos objectifs, vous aidant à rester motivé même lorsque les résultats tardent à se manifester.
- **Adaptabilité** : La persévérance vous permet de rester flexible et d'adapter vos stratégies en fonction des circonstances changeantes.

Stratégies pour Rester Concentré

1. **Définir des Objectifs à Court Terme**
   - Décomposez votre vision en objectifs plus petits et réalisables. Cela vous permet de célébrer des succès intermédiaires et de maintenir votre motivation.
   - Exemple : Si votre vision est de lancer une entreprise, fixez-vous des objectifs à court terme comme la

création d'un plan d'affaires, l'obtention de financements ou le lancement d'un site web.

2. **Créer une Routine**
   - Établissez une routine quotidienne qui inclut des actions concrètes vers la réalisation de votre vision. Une routine régulière crée des habitudes positives qui vous rapprochent de vos objectifs.
   - Exemple : Consacrez une heure chaque matin à travailler sur vos projets les plus importants avant de commencer d'autres tâches.

3. **Éliminer les Distractions**
   - Identifiez et éliminez les distractions qui peuvent vous éloigner de votre vision. Cela peut inclure la gestion du temps passé sur les réseaux sociaux, la réduction des interruptions et la création d'un espace de travail propice à la concentration.
   - Utilisez des techniques comme le « Pomodoro » pour travailler par intervalles avec des pauses régulières.

Maintenir la Motivation

1. **Visualisation Régulière**
   - Continuez à pratiquer la visualisation pour garder votre vision vivante et inspirante. Visualisez-vous régulièrement en train de réussir et de réaliser vos objectifs.
   - Cette pratique maintient votre motivation et vous rappelle pourquoi vous travaillez dur.

2. **Chercher de l'Inspiration**
   - Lisez des livres, regardez des vidéos ou écoutez des podcasts qui vous inspirent et vous motivent. Apprenez des expériences de ceux qui ont réussi

dans des domaines similaires.

- Entourez-vous de personnes positives et motivantes qui partagent vos ambitions et peuvent vous encourager.

3. **Fixer des Récompenses**

- Récompensez-vous pour les petites réussites et les étapes franchies. Les récompenses renforcent positivement vos efforts et vous incitent à continuer.
- Exemple : Après avoir atteint un objectif majeur, prenez du temps pour vous détendre ou faites quelque chose que vous appréciez.

Surmonter les Obstacles

1. **Rebondir après un Échec**

- Considérez les échecs comme des opportunités d'apprentissage. Analysez ce qui n'a pas fonctionné, tirez des leçons et ajustez votre approche.
- Adoptez une attitude résiliente et continuez à avancer malgré les revers.

2. **Adapter les Stratégies**

- Soyez prêt à ajuster vos stratégies en fonction des résultats obtenus et des retours d'expérience. La flexibilité est essentielle pour rester sur la bonne voie.
- Exemple : Si une méthode de marketing ne donne pas les résultats escomptés, explorez d'autres approches ou techniques.

3. **Chercher du Soutien**

- Ne soyez pas réticent à demander de l'aide lorsque vous en avez besoin. Les mentors, les collègues et les amis peuvent offrir des perspectives précieuses et un soutien moral.
- Rejoignez des groupes ou des réseaux de personnes

partageant les mêmes idées pour bénéficier de conseils et de motivation.

Rester Aligné avec Votre Vision

1. **Réévaluation Régulière**
   - Prenez le temps de réévaluer régulièrement votre vision et vos progrès. Assurez-vous que vos actions restent alignées avec vos objectifs à long terme.
   - Ajustez vos objectifs et vos stratégies si nécessaire pour rester sur la bonne voie.

2. **Maintenir l'Équilibre**
   - Trouvez un équilibre entre votre travail vers la réalisation de votre vision et d'autres aspects de votre vie. Un bon équilibre maintient votre bien-être et évite l'épuisement.
   - Exemple : Consacrez du temps à la famille, aux loisirs et à la détente pour recharger vos batteries.

3. **Écouter Votre Intuition**
   - Faites confiance à votre intuition pour vous guider dans les moments de doute. Votre intuition peut souvent vous indiquer la bonne direction à suivre.
   - Prenez des décisions en vous basant sur vos valeurs et ce qui vous semble juste.

Conclusion

Maintenir le cap vers votre vision nécessite de la persévérance, de la concentration et de la motivation continue. En définissant des objectifs à court terme, en créant des routines, en éliminant les distractions et en restant inspiré, vous pouvez rester sur la voie de la réalisation de votre vision. Surmonter les obstacles et ajuster vos stratégies au besoin vous aide à rester résilient et adaptable. Enfin, rester aligné avec votre vision et réévaluer régulièrement vos progrès garantit que vous avancez dans la bonne direction. Avec ces stratégies, vous pouvez maintenir le cap et transformer votre vision en réalité.

Chapitre 3 : La Détermination et la Persévérance

3.1 Cultiver la Détermination

La détermination est un élément crucial du succès, souvent la différence entre ceux qui réalisent leurs rêves et ceux qui abandonnent. Cultiver la détermination implique de développer une attitude mentale résolue, une force intérieure qui vous pousse à persévérer face aux défis et aux échecs. Dans ce sous-chapitre, nous explorerons les aspects clés de la détermination, les techniques pour la renforcer, et comment elle peut vous aider à atteindre vos objectifs.

Comprendre la Détermination

La détermination est la capacité de poursuivre des objectifs avec fermeté, malgré les difficultés et les obstacles. Elle se caractérise par :

- **Un engagement inébranlable** : La volonté de continuer à avancer, quelles que soient les circonstances.
- **Une résistance au découragement** : La capacité à rester motivé et concentré, même après des échecs ou des revers.
- **Un désir ardent de réussite** : Une passion intense pour atteindre vos objectifs et réaliser votre vision.

Les Composantes de la Détermination

1. **Clarté des Objectifs**
   - Avoir des objectifs clairs et bien définis est essentiel pour cultiver la détermination. Lorsque vous savez exactement ce que vous voulez atteindre, il est plus facile de rester motivé et concentré.
   - Exemple : Définissez des objectifs spécifiques, mesurables, atteignables, pertinents et

temporellement définis (SMART).

2. **Autodiscipline**
   - La discipline personnelle est indispensable pour maintenir la détermination. Elle implique de prendre des mesures régulières et cohérentes, même lorsque vous n'en avez pas envie.
   - Exemple : Établissez des routines quotidiennes et respectez-les rigoureusement.

3. **Mentalité de Croissance**
   - Adoptez une mentalité de croissance, qui consiste à croire que vous pouvez développer vos capacités et améliorer vos compétences grâce à l'effort et à la persévérance.
   - Exemple : Voyez les défis comme des opportunités d'apprentissage et de croissance.

Techniques pour Renforcer la Détermination

1. **Visualisation Positive**
   - Utilisez la visualisation pour renforcer votre détermination. Imaginez-vous atteignant vos objectifs avec succès. Ressentez les émotions positives associées à votre réussite.
   - Exemple : Visualisez-vous en train de franchir la ligne d'arrivée d'un marathon, en ressentant la satisfaction et la fierté.

2. **Affirmations Positives**
   - Utilisez des affirmations positives pour renforcer votre détermination et votre confiance en vous. Répétez des phrases motivantes qui vous rappellent votre force intérieure.
   - Exemple : « Je suis capable de surmonter tous les obstacles et de réaliser mes objectifs. »

3. **Établir des Micro-objectifs**
   - Divisez vos grands objectifs en micro-objectifs plus petits et plus gérables. Chaque petite victoire renforce votre détermination et vous motive à continuer.
   - Exemple : Si vous écrivez un livre, fixez-vous des objectifs quotidiens ou hebdomadaires, comme écrire un certain nombre de pages par jour.

4. **Maintenir un Journal de Progrès**
   - Tenez un journal pour suivre vos progrès et documenter vos réussites, même les plus petites. Cela vous aide à rester motivé et à voir les progrès accomplis.
   - Exemple : Notez chaque jour ce que vous avez accompli et comment vous vous sentez par rapport à vos objectifs.

Surmonter les Obstacles à la Détermination

1. **Gérer le Stress et l'Épuisement**
   - La gestion du stress et de l'épuisement est essentielle pour maintenir la détermination. Prenez soin de votre bien-être physique et mental.
   - Exemple : Pratiquez des techniques de relaxation, comme la méditation ou le yoga, et assurez-vous de bien dormir et de manger sainement.

2. **Faire Face aux Doutes**
   - Les doutes et les peurs peuvent saper votre détermination. Apprenez à les reconnaître et à les surmonter.
   - Exemple : Confrontez vos peurs en les analysant rationnellement et en trouvant des solutions pratiques.

3. **S'entourer de Soutien Positif**
    - Entourez-vous de personnes qui vous soutiennent et vous encouragent. Un réseau de soutien solide peut renforcer votre détermination.
    - Exemple : Partagez vos objectifs avec des amis ou des mentors qui peuvent vous offrir des conseils et de l'encouragement.

L'Impact de la Détermination sur le Succès

1. **Atteindre des Objectifs Ambitieux**
    - La détermination vous permet de fixer et d'atteindre des objectifs ambitieux. Elle vous donne la force de surmonter les obstacles et de persévérer malgré les difficultés.
    - Exemple : Les entrepreneurs déterminés sont capables de lancer et de développer des entreprises prospères même dans des environnements concurrentiels.

2. **Développer la Résilience**
    - La détermination renforce votre résilience, vous aidant à rebondir après les échecs et à continuer à avancer. Elle vous permet de voir les échecs comme des étapes vers le succès.
    - Exemple : Les athlètes de haut niveau utilisent leur détermination pour se remettre des blessures et des défaites, et revenir plus forts.

3. **Inspirer les Autres**
    - Votre détermination peut inspirer les autres à poursuivre leurs propres rêves et à surmonter leurs propres défis. Elle crée un effet de levier positif dans votre environnement.
    - Exemple : Un leader déterminé peut motiver son

équipe à travailler dur et à atteindre des objectifs communs.

Conclusion

Cultiver la détermination est essentiel pour maintenir le cap et réaliser vos objectifs. En comprenant ses composantes clés et en utilisant des techniques pour la renforcer, vous pouvez développer une force intérieure qui vous pousse à persévérer face aux défis. La détermination transforme les obstacles en opportunités et les échecs en leçons, vous aidant à progresser continuellement vers la réalisation de votre vision. Adoptez une approche proactive pour cultiver votre détermination et laissez-la guider vos actions vers le succès.

3.2 Surmonter les Obstacles

Surmonter les obstacles est une compétence cruciale pour toute personne cherchant à réussir. Les défis et les revers sont inévitables sur le chemin de la réussite, et la manière dont nous les affrontons détermine souvent notre capacité à atteindre nos objectifs. Ce sous-chapitre explore les stratégies et les techniques pour surmonter les obstacles avec détermination et persévérance.

Comprendre les Obstacles

Les obstacles peuvent prendre de nombreuses formes, notamment :

- **Échecs et Revers** : Expériences où les choses ne se passent pas comme prévu.
- **Critiques et Opposition** : Réactions négatives de la part d'autres personnes.
- **Problèmes de Ressources** : Manque de temps, d'argent ou de soutien.
- **Doutes et Peurs** : Inquiétudes internes qui freinent l'action.

Stratégies pour Surmonter les Obstacles

1. **Changer de Perspective**
   - **Reframing** : Transformez les obstacles en opportunités d'apprentissage. Voyez chaque défi comme une chance de grandir et de développer de nouvelles compétences.
   - **Pensée Positive** : Maintenez une attitude positive en vous concentrant sur ce que vous pouvez contrôler et en trouvant des aspects positifs dans chaque situation.
   - Exemple : Si un projet échoue, analysez ce qui a mal

tourné et utilisez cette connaissance pour améliorer vos efforts futurs.

2. **Établir des Plans d'Action**
   - **Décomposition des Problèmes** : Décomposez les grands obstacles en tâches plus petites et plus gérables. Cela rend les défis moins intimidants et plus abordables.
   - **Planification** : Élaborez des plans détaillés pour chaque étape de la résolution du problème. Identifiez les ressources nécessaires et les actions spécifiques à entreprendre.
   - Exemple : Si vous avez du mal à financer un projet, commencez par identifier toutes les sources potentielles de financement et planifiez comment les solliciter.

3. **Développer la Résilience**
   - **Accepter l'Échec** : Comprenez que l'échec fait partie du processus de réussite. Chaque échec offre des leçons précieuses qui peuvent vous aider à vous améliorer.
   - **Prendre du Recul** : Prenez le temps de vous éloigner de la situation pour évaluer objectivement et élaborer de nouvelles stratégies.
   - **Rester Flexible** : Soyez prêt à ajuster vos plans en fonction des circonstances changeantes. La flexibilité est essentielle pour s'adapter aux imprévus.
   - Exemple : Lorsqu'un plan ne fonctionne pas, évaluez ce qui doit être modifié et essayez une approche différente sans vous décourager.

4. **S'entourer de Soutien**
   - **Chercher des Mentors** : Trouvez des personnes

expérimentées qui peuvent offrir des conseils et un soutien moral. Leurs expériences peuvent fournir des perspectives et des solutions précieuses.

- ◦ **Créer un Réseau de Soutien** : Entourez-vous de personnes positives et encourageantes qui croient en vous et en vos objectifs.
- ◦ **Partager Vos Défis** : Parlez de vos obstacles avec des amis, des collègues ou des mentors. Le partage peut apporter de nouvelles idées et des solutions créatives.
- ◦ Exemple : Rejoignez des groupes ou des communautés en ligne où vous pouvez échanger des expériences et obtenir des conseils pour surmonter des défis spécifiques.

5. **Utiliser des Techniques de Gestion du Stress**
   - ◦ **Méditation et Relaxation** : Pratiquez des techniques de relaxation pour gérer le stress et maintenir votre calme. La méditation peut aider à clarifier votre esprit et à améliorer votre concentration.
   - ◦ **Exercice Physique** : L'activité physique régulière peut réduire le stress, améliorer votre humeur et augmenter votre énergie.
   - ◦ **Pratiques de Pleine Conscience** : La pleine conscience vous aide à rester présent et à gérer les émotions négatives de manière plus efficace.
   - ◦ Exemple : Intégrez une routine d'exercice ou des séances de méditation quotidienne pour vous aider à rester calme et concentré.

Exemples Concrets de Dépassement des Obstacles

1. **Échec en Entrepreneuriat**

- ○ **Cas** : Un entrepreneur échoue à lancer son premier produit sur le marché en raison de problèmes de financement et de marketing.
- ○ **Solution** : Il analyse les erreurs commises, ajuste sa stratégie de marketing, cherche de nouveaux investisseurs et relance le produit avec une approche améliorée.

2. **Critiques au Travail**
   - ○ **Cas** : Une employée reçoit des critiques sévères sur son projet de la part de son supérieur.
   - ○ **Solution** : Elle prend en compte les retours constructifs, améliore le projet en conséquence et demande un retour d'information régulier pour s'assurer qu'elle est sur la bonne voie.

3. **Manque de Ressources**
   - ○ **Cas** : Une association caritative manque de fonds pour organiser un événement crucial.
   - ○ **Solution** : L'équipe organise des collectes de fonds, sollicite des sponsors locaux et utilise les médias sociaux pour attirer des dons.

Conclusion

Surmonter les obstacles est un aspect incontournable de la poursuite de la réussite. En changeant de perspective, en établissant des plans d'action détaillés, en développant la résilience, en recherchant le soutien et en utilisant des techniques de gestion du stress, vous pouvez transformer les défis en opportunités. Chaque obstacle surmonté renforce votre détermination et vous rapproche de vos objectifs. Cultivez ces stratégies pour naviguer efficacement à travers les épreuves et atteindre la réussite souhaitée.

3.3 L'Art de la Résilience

La résilience est la capacité à rebondir après des échecs, à s'adapter face aux difficultés et à continuer à avancer malgré les obstacles. C'est une qualité essentielle pour toute personne cherchant à réussir, car elle permet de transformer les défis en opportunités de croissance. Dans ce sous-chapitre, nous explorerons les principes fondamentaux de la résilience, les techniques pour la développer, et son rôle crucial dans la détermination et la persévérance.

Comprendre la Résilience

La résilience n'est pas une qualité innée, mais une compétence que l'on peut développer et renforcer avec le temps. Elle se caractérise par :

- **Adaptabilité** : La capacité à s'ajuster rapidement aux nouvelles situations et à trouver des solutions alternatives.
- **Optimisme Réaliste** : Maintenir une vision positive tout en restant conscient des réalités.
- **Gestion Émotionnelle** : La capacité à gérer efficacement ses émotions, surtout dans les moments de stress et de crise.

Les Composantes de la Résilience

1. **Acceptation**
   - Accepter que l'échec et les difficultés font partie intégrante du processus de réussite. Plutôt que de lutter contre, il s'agit de les accepter et d'apprendre à les gérer.
   - Exemple : Reconnaître que les revers sont des opportunités d'apprentissage plutôt que des obstacles insurmontables.
2. **Contrôle Interne**
   - Développer un locus de contrôle interne, c'est-à-dire

la croyance que vous avez le pouvoir d'influencer les événements de votre vie par vos actions.

- Exemple : Plutôt que de blâmer les circonstances externes, concentrez-vous sur ce que vous pouvez faire pour améliorer la situation.

3. **Sens du But**
    - Avoir un but clair et significatif qui donne un sens à vos actions. Un sens du but fort vous aide à rester motivé et à persévérer même dans les moments difficiles.
    - Exemple : Votre objectif de contribuer positivement à votre communauté peut vous motiver à continuer malgré les obstacles.

Techniques pour Développer la Résilience

1. **Pratiquer la Pleine Conscience**
    - La pleine conscience vous aide à rester présent et à gérer le stress. Elle permet de réduire l'impact des pensées négatives et d'améliorer la gestion émotionnelle.
    - Exemple : Consacrez quelques minutes chaque jour à des exercices de respiration profonde ou de méditation.

2. **Établir des Connexions Sociales**
    - Un réseau de soutien solide est crucial pour développer la résilience. Les relations positives offrent un soutien émotionnel et des perspectives différentes.
    - Exemple : Rejoignez des groupes de soutien ou des communautés qui partagent vos intérêts et objectifs.

3. **Développer des Compétences en Résolution de Problèmes**
    - La capacité à résoudre les problèmes de manière

créative et efficace renforce la résilience. Elle vous aide à voir les défis comme des puzzles à résoudre plutôt que comme des obstacles infranchissables.

- ◦ Exemple : Utilisez des techniques de brainstorming pour générer des solutions innovantes à des problèmes complexes.

4. **Cultiver l'Optimisme**
   - ◦ Un optimisme réaliste est essentiel pour la résilience. Il s'agit de maintenir une attitude positive tout en reconnaissant les réalités difficiles.
   - ◦ Exemple : Chaque soir, notez trois choses positives qui se sont produites dans la journée et ce que vous en avez appris.

Exemples de Résilience en Action

1. **Entrepreneurs Résilients**
   - ◦ **Cas** : Un entrepreneur fait faillite après le lancement de son premier produit.
   - ◦ **Résilience** : Il analyse les erreurs, apprend de ses échecs, adapte son modèle commercial et relance une nouvelle entreprise avec succès.

2. **Sportifs de Haut Niveau**
   - ◦ **Cas** : Un athlète subit une blessure grave qui compromet sa carrière.
   - ◦ **Résilience** : Il suit une rééducation rigoureuse, développe des compétences mentales et revient à la compétition plus fort qu'avant.

3. **Survivants de Catastrophes**
   - ◦ **Cas** : Une communauté est dévastée par une catastrophe naturelle.
   - ◦ **Résilience** : Les membres de la communauté

s'organisent, reconstruisent ensemble et développent des systèmes pour mieux se préparer à l'avenir.

La Résilience et la Détermination

1. **Complémentarité**
   - La résilience et la détermination sont complémentaires. La détermination vous pousse à poursuivre vos objectifs avec persévérance, tandis que la résilience vous aide à rebondir après les échecs et à continuer malgré les obstacles.
   - Exemple : Un étudiant déterminé à réussir ses études utilise sa résilience pour surmonter les échecs académiques et les difficultés personnelles.
2. **Équilibre**
   - Trouver un équilibre entre la détermination et la résilience est crucial. Trop de détermination sans résilience peut mener à l'épuisement, tandis que trop de résilience sans détermination peut entraîner un manque de direction.
   - Exemple : Un professionnel équilibre ses efforts pour atteindre ses objectifs de carrière avec des pratiques de bien-être pour maintenir sa résilience.

Conclusion

L'art de la résilience est une compétence essentielle pour surmonter les obstacles et atteindre le succès. En comprenant ses composantes clés et en adoptant des techniques pour la développer, vous pouvez renforcer votre capacité à rebondir après les échecs et à vous adapter aux défis. La résilience, combinée à la détermination, vous permet de maintenir le cap vers vos objectifs, peu importe les difficultés rencontrées. Cultivez la résilience dans votre vie quotidienne et voyez comment elle transforme vos défis en opportunités de croissance et de réussite.

Chapitre 4 : La Gestion du Temps et des Priorités

4.1 Techniques de Gestion du Temps

La gestion du temps est une compétence cruciale pour réussir dans n'importe quel domaine. Une utilisation efficace du temps permet de maximiser la productivité, de réduire le stress et de garantir que les tâches importantes sont accomplies. Dans ce sous-chapitre, nous allons explorer les techniques éprouvées de gestion du temps qui peuvent aider à structurer vos journées de manière plus productive et à atteindre vos objectifs.

Comprendre la Gestion du Temps

La gestion du temps consiste à planifier et à contrôler la quantité de temps consacrée aux activités spécifiques pour maximiser l'efficacité et la productivité. Voici quelques principes de base :

1. **Priorisation** : Identifier les tâches les plus importantes et urgentes.
2. **Planification** : Organiser votre emploi du temps de manière à allouer suffisamment de temps pour chaque tâche.
3. **Élimination des Distractions** : Minimiser les interruptions et les distractions qui peuvent nuire à la concentration.
4. **Évaluation** : Réviser régulièrement votre gestion du temps pour identifier les domaines d'amélioration.

Techniques Efficaces de Gestion du Temps

1. **La Matrice d'Eisenhower**
   - **Concept** : La matrice d'Eisenhower, également appelée matrice urgent-important, aide à prioriser les tâches en fonction de leur urgence et de leur

importance.

- ◦ **Quadrants** :
    - ▪ Important et urgent : Tâches à accomplir immédiatement.
    - ▪ Important mais non urgent : Tâches à planifier.
    - ▪ Urgent mais non important : Tâches à déléguer.
    - ▪ Non urgent et non important : Tâches à éliminer.
- ◦ **Application** : Utilisez cette matrice pour évaluer vos tâches quotidiennes et décider où concentrer votre énergie.

2. **La Méthode Pomodoro**
   - ◦ **Concept** : La méthode Pomodoro utilise des intervalles de travail de 25 minutes, appelés "pomodoros", suivis d'une courte pause.
   - ◦ **Étapes** :
     - ▪ Choisir une tâche à accomplir.
     - ▪ Régler un minuteur sur 25 minutes.
     - ▪ Travailler sur la tâche jusqu'à ce que le minuteur sonne.
     - ▪ Prendre une courte pause de 5 minutes.
     - ▪ Après quatre pomodoros, prendre une pause plus longue de 15 à 30 minutes.
   - ◦ **Avantages** : Cette méthode aide à maintenir la concentration et à éviter la fatigue mentale.

3. **La Technique du Time Blocking**
   - ◦ **Concept** : Le time blocking consiste à diviser la journée en blocs de temps dédiés à des tâches spécifiques.
   - ◦ **Application** :

- Créez un emploi du temps détaillé pour chaque jour.
- Allouez des blocs de temps spécifiques pour différentes activités (travail, réunions, loisirs, etc.).
- Respectez strictement les blocs de temps alloués.
  - **Avantages** : Cette technique aide à organiser la journée de manière plus structurée et à éviter le multitâche inefficace.

4. **La Liste de Tâches (To-Do List)**
    - **Concept** : Une liste de tâches est une liste organisée des tâches à accomplir sur une période donnée.
    - **Étapes** :
      - Notez toutes les tâches à accomplir.
      - Priorisez les tâches en fonction de leur importance et de leur échéance.
      - Cochez les tâches une fois terminées.
    - **Avantages** : Une liste de tâches aide à visualiser les responsabilités et à suivre les progrès.

5. **La Règle des 2 Minutes**
    - **Concept** : Si une tâche peut être réalisée en moins de 2 minutes, faites-la immédiatement.
    - **Application** :
      - Lorsque vous identifiez une tâche rapide, exécutez-la immédiatement au lieu de la reporter.
    - **Avantages** : Cette règle aide à éviter l'accumulation de petites tâches qui peuvent devenir écrasantes.

6. **La Priorisation ABC**
    - **Concept** : La méthode ABC classe les tâches en trois catégories en fonction de leur importance :

- A : Tâches cruciales qui doivent être faites immédiatement.
- B : Tâches importantes mais moins urgentes.
- C : Tâches moins importantes ou non urgentes.

  - **Application** : Évaluez et classez vos tâches chaque jour pour déterminer celles qui méritent le plus d'attention.
  - **Avantages** : Aide à concentrer l'effort sur les tâches à fort impact.

Conseils pour Optimiser la Gestion du Temps

1. **Éviter le Multitâche**
   - **Impact** : Le multitâche peut réduire la qualité du travail et augmenter le temps nécessaire pour accomplir les tâches.
   - **Solution** : Concentrez-vous sur une tâche à la fois pour améliorer l'efficacité et la productivité.
2. **Planifier des Pauses Régulières**
   - **Impact** : Les pauses régulières aident à prévenir la fatigue et à maintenir un niveau de performance élevé.
   - **Solution** : Intégrez des pauses courtes après chaque période de travail intense.
3. **Utiliser des Outils de Gestion du Temps**
   - **Impact** : Les applications et outils de gestion du temps peuvent aider à organiser et à suivre vos tâches.
   - **Solution** : Utilisez des outils comme Trello, Asana ou Google Calendar pour planifier et gérer vos

activités.

4. **Réévaluer et Ajuster**
    - **Impact** : Les besoins et les priorités peuvent changer au fil du temps.
    - **Solution** : Réévaluez régulièrement vos méthodes de gestion du temps et ajustez-les en fonction de vos expériences et besoins actuels.

Conclusion

La gestion du temps est une compétence essentielle pour quiconque souhaite atteindre ses objectifs avec efficacité. En adoptant des techniques éprouvées telles que la matrice d'Eisenhower, la méthode Pomodoro, le time blocking, la liste de tâches, la règle des 2 minutes et la priorisation ABC, vous pouvez structurer votre temps de manière plus productive et atteindre vos objectifs plus rapidement. Intégrez ces techniques dans votre routine quotidienne, ajustez-les en fonction de vos besoins spécifiques et observez comment votre productivité et votre satisfaction personnelle s'améliorent.

4.2 Établir des Priorités Claires

La gestion efficace du temps repose sur la capacité à établir des priorités claires. En sachant quelles tâches sont les plus importantes et urgentes, vous pouvez mieux organiser votre journée et maximiser votre productivité. Ce sous-chapitre explore les méthodes et les stratégies pour définir des priorités claires, en garantissant que vous concentrez vos efforts sur ce qui compte vraiment.

L'Importance des Priorités

Établir des priorités claires est essentiel pour plusieurs raisons :

1. **Optimisation du Temps** : Vous utilisez votre temps de manière plus efficace en vous concentrant sur les tâches les plus importantes.
2. **Réduction du Stress** : En sachant exactement ce que vous devez faire, vous réduisez l'incertitude et le stress.
3. **Amélioration de la Productivité** : Vous accomplissez plus de tâches significatives dans des délais plus courts.

Méthodes pour Établir des Priorités

1. **La Matrice d'Eisenhower**
   - **Description** : Utilisée pour classer les tâches en quatre catégories basées sur leur urgence et leur importance.
   - **Quadrants** :
     - **Important et Urgent** : À faire immédiatement.
     - **Important mais Non Urgent** : À planifier pour plus tard.
     - **Urgent mais Non Important** : À déléguer si possible.
     - **Non Urgent et Non Important** : À éliminer ou à

minimiser.

- **Application** : Utilisez cette matrice pour évaluer vos tâches quotidiennes et décider où concentrer votre énergie.

2. **La Méthode ABC**
   - **Description** : Classe les tâches en trois catégories :
     - **A** : Tâches cruciales qui doivent être faites immédiatement.
     - **B** : Tâches importantes mais moins urgentes.
     - **C** : Tâches moins importantes ou non urgentes.
   - **Application** : Évaluez et classez vos tâches chaque jour pour déterminer celles qui méritent le plus d'attention.

3. **La Règle des 80/20 (Principe de Pareto)**
   - **Description** : Selon ce principe, 80 % des résultats proviennent de 20 % des efforts.
   - **Application** : Identifiez les tâches qui produisent les résultats les plus significatifs et concentrez-vous sur celles-ci.
   - **Exemple** : Si 20 % de vos clients génèrent 80 % de vos revenus, concentrez vos efforts sur ces clients.

4. **La Liste de Tâches avec Priorités**
   - **Description** : Une liste de tâches organisée selon leur priorité.
   - **Étapes** :
     - Notez toutes les tâches que vous devez accomplir.
     - Assignez une priorité à chaque tâche (haute, moyenne, basse).
     - Concentrez-vous sur les tâches à haute priorité en premier.
   - **Avantages** : Permet une visualisation claire de ce qui

doit être fait et dans quel ordre.

Techniques pour Maintenir les Priorités

1. **Revoir Régulièrement les Priorités**
   - **Description** : Évaluez régulièrement vos priorités pour vous assurer qu'elles sont toujours alignées avec vos objectifs.
   - **Fréquence** : Faites une révision quotidienne, hebdomadaire et mensuelle.
   - **Avantages** : Aide à rester flexible et à s'adapter aux changements.

2. **Utiliser des Outils de Gestion des Tâches**
   - **Description** : Utilisez des applications et des logiciels pour suivre et gérer vos tâches.
   - **Exemples** : Trello, Asana, Todoist.
   - **Avantages** : Facilite l'organisation et la gestion des priorités.

3. **Se Fixer des Objectifs SMART**
   - **Description** : Définir des objectifs Spécifiques, Mesurables, Atteignables, Réalistes et Temporellement définis.
   - **Application** : Assurez-vous que chaque tâche contribue directement à un objectif SMART.
   - **Avantages** : Clarifie les priorités et donne une direction claire.

4. **Limiter le Multitâche**
   - **Description** : Concentrez-vous sur une tâche à la fois pour maximiser l'efficacité.
   - **Impact** : Le multitâche peut diminuer la qualité du travail et augmenter le temps nécessaire pour accomplir les tâches.

- **Solution** : Dédié des blocs de temps spécifiques à chaque tâche importante.

Exemples Pratiques

1. **Gestion de Projet**
   - **Cas** : Vous travaillez sur un projet avec des délais serrés.
   - **Priorités** : Identifiez les tâches critiques du projet et concentrez-vous sur celles-ci pour respecter les délais.

2. **Étudiant Préparant des Examens**
   - **Cas** : Vous avez plusieurs matières à réviser.
   - **Priorités** : Classez les matières en fonction de la difficulté et de l'urgence des examens à venir, et planifiez vos sessions d'étude en conséquence.

3. **Professionnel Gérant une Équipe**
   - **Cas** : Vous avez des responsabilités multiples et des membres d'équipe à superviser.
   - **Priorités** : Déléguez les tâches moins importantes et concentrez-vous sur la prise de décisions stratégiques et la résolution des problèmes critiques.

Conclusion

Établir des priorités claires est une compétence fondamentale pour la gestion efficace du temps. En utilisant des méthodes comme la matrice d'Eisenhower, la méthode ABC, la règle des 80/20, et en maintenant une liste de tâches bien priorisée, vous pouvez vous assurer que votre énergie est toujours concentrée sur les activités les plus importantes. De plus, en révisant régulièrement vos priorités, en utilisant des outils de gestion des tâches, en fixant des objectifs SMART et en évitant le multitâche, vous pouvez améliorer considérablement votre productivité et atteindre vos objectifs avec une plus grande efficacité.

4.3 Équilibre Vie Professionnelle et Personnelle

L'équilibre entre la vie professionnelle et personnelle est essentiel pour maintenir une bonne santé mentale et physique, ainsi que pour assurer une productivité soutenue sur le long terme. Ce sous-chapitre explore les stratégies pour trouver et maintenir cet équilibre, en intégrant des pratiques qui permettent de gérer efficacement les responsabilités professionnelles tout en consacrant du temps de qualité à la vie personnelle.

L'Importance de l'Équilibre

Maintenir un équilibre entre vie professionnelle et personnelle présente plusieurs avantages :

1. **Réduction du Stress** : Équilibrer les deux sphères de la vie aide à réduire le stress et à prévenir le burnout.

2. **Amélioration de la Santé Mentale et Physique** : Passer du temps avec la famille, les amis et se consacrer à des activités personnelles favorise une meilleure santé globale.

3. **Augmentation de la Productivité** : Un bon équilibre permet de se ressourcer et de revenir au travail avec plus d'énergie et de concentration.

4. **Satisfaction Globale** : Les personnes qui parviennent à équilibrer travail et vie personnelle ressentent généralement une plus grande satisfaction et épanouissement dans les deux domaines.

Stratégies pour Équilibrer Vie Professionnelle et Personnelle

1. **Définir des Limites Claires**
   - **Description** : Établir des frontières nettes entre le temps de travail et le temps personnel.

- ○ **Application** :
  - ▪ Déterminez des heures de travail fixes et respectez-les.
  - ▪ Évitez de ramener du travail à la maison, si possible.
  - ▪ Communiquez ces limites à vos collègues et à votre famille.
- ○ **Avantages** : Cela aide à éviter que le travail n'empiète sur le temps personnel et vice versa.

2. **Planifier du Temps pour les Loisirs**
   - ○ **Description** : Intégrer des activités personnelles et de loisirs dans votre emploi du temps.
   - ○ **Application** :
     - ▪ Réservez du temps chaque semaine pour des activités que vous aimez (sports, hobbies, etc.).
     - ▪ Utilisez un calendrier pour planifier ces moments et respectez-les comme des rendez-vous professionnels.
   - ○ **Avantages** : Permet de s'assurer que vous consacrez du temps à des activités qui vous ressourcent et vous apportent du plaisir.

3. **Apprendre à Dire Non**
   - ○ **Description** : Savoir refuser des engagements supplémentaires qui peuvent nuire à votre équilibre.
   - ○ **Application** :
     - ▪ Évaluez chaque demande en fonction de vos priorités actuelles.
     - ▪ Refusez poliment mais fermement les tâches ou engagements qui peuvent compromettre votre équilibre.
   - ○ **Avantages** : Aide à éviter la surcharge de travail et à

protéger votre temps personnel.

4. **Utiliser des Techniques de Gestion du Temps**
   ◦ **Description** : Appliquer des techniques de gestion du temps pour organiser efficacement vos tâches professionnelles et personnelles.
   ◦ **Application** :
      ▪ Utilisez des listes de tâches et des outils de planification pour organiser votre journée.
      ▪ Priorisez les tâches importantes et urgentes.
      ▪ Intégrez des pauses régulières pour éviter la fatigue mentale.
   ◦ **Avantages** : Facilite une meilleure organisation et maximise l'efficacité dans les deux domaines.

5. **Prendre du Temps pour Soi**
   ◦ **Description** : Consacrer du temps à des activités de soin personnel.
   ◦ **Application** :
      ▪ Planifiez des moments de relaxation, comme la méditation, le yoga ou la lecture.
      ▪ Assurez-vous de dormir suffisamment et de bien vous alimenter.
   ◦ **Avantages** : Favorise une meilleure santé mentale et physique, augmentant ainsi votre résilience et votre énergie.

6. **Utiliser le Télétravail de Manière Efficace**
   ◦ **Description** : Maximiser les avantages du télétravail tout en minimisant ses inconvénients.
   ◦ **Application** :
      ▪ Établissez un espace de travail dédié et séparez-le des espaces de vie.
      ▪ Respectez un horaire de travail fixe, même en travaillant à domicile.

- ▪ Prenez des pauses régulières pour éviter la fatigue et maintenir la productivité.
  - ◦ **Avantages** : Offre une flexibilité accrue tout en permettant de maintenir une structure et une discipline de travail.

Conseils Pratiques pour Maintenir l'Équilibre

1. **Communiquer Ouvertement**
   - ◦ **Description** : Parlez ouvertement de vos besoins en termes d'équilibre à votre employeur et à votre famille.
   - ◦ **Application** :
     - ▪ Discutez des ajustements possibles avec votre employeur, comme des horaires flexibles.
     - ▪ Impliquez votre famille dans la planification de votre emploi du temps pour mieux concilier les deux sphères.
   - ◦ **Avantages** : Facilite la compréhension mutuelle et le soutien pour maintenir l'équilibre.
2. **Fixer des Objectifs Réalistes**
   - ◦ **Description** : Définir des objectifs atteignables dans les deux domaines.
   - ◦ **Application** :
     - ▪ Fixez des objectifs professionnels et personnels clairs et réalistes.
     - ▪ Évitez de surcharger votre emploi du temps avec trop d'objectifs à la fois.
   - ◦ **Avantages** : Aide à maintenir une approche équilibrée et à éviter le surmenage.
3. **Revoir et Ajuster Régulièrement**

- ○ **Description** : Évaluer régulièrement votre équilibre et apporter les ajustements nécessaires.
- ○ **Application** :
    - ▪ Faites un bilan hebdomadaire de vos activités professionnelles et personnelles.
    - ▪ Ajustez votre emploi du temps et vos priorités en fonction de vos évaluations.
- ○ **Avantages** : Assure une adaptation continue et un maintien de l'équilibre.

Conclusion

L'équilibre entre vie professionnelle et personnelle est crucial pour une vie épanouissante et réussie. En définissant des limites claires, en planifiant des loisirs, en apprenant à dire non, en utilisant des techniques de gestion du temps, en prenant soin de vous et en tirant parti des avantages du télétravail, vous pouvez atteindre et maintenir cet équilibre. Adoptez ces stratégies et ajustez-les en fonction de vos besoins pour trouver un équilibre harmonieux qui vous permettra de prospérer dans tous les aspects de votre vie.

Chapitre 5 : Développer une Mentalité de Leader

5.1 Pensée Positive et Affirmative

La pensée positive et affirmative est une pierre angulaire du développement personnel et du leadership efficace. Elle influence non seulement notre perception du monde, mais aussi notre comportement et notre capacité à atteindre nos objectifs. Ce sous-chapitre explore les principes et les techniques de la pensée positive et affirmative, et explique comment les intégrer dans votre vie pour développer une mentalité de leader.

L'Importance de la Pensée Positive

La pensée positive n'est pas simplement une vision optimiste de la vie, mais une approche proactive qui vous aide à surmonter les obstacles, à maintenir la motivation et à influencer positivement votre environnement. Voici quelques raisons pour lesquelles la pensée positive est essentielle :

1. **Amélioration de la Santé Mentale et Physique** : Les études montrent que les personnes ayant une attitude positive sont moins susceptibles de souffrir de dépression et d'anxiété et ont une meilleure santé physique.

2. **Renforcement de la Résilience** : Une mentalité positive permet de rebondir plus facilement après des échecs ou des difficultés.

3. **Augmentation de la Productivité** : Les leaders positifs inspirent et motivent leurs équipes, ce qui conduit à une productivité accrue.

4. **Création d'un Environnement Positif** : La pensée positive est contagieuse et peut transformer la culture d'une organisation.

Techniques pour Développer une Pensée Positive

1. **Affirmations Positives**
   - **Description** : Les affirmations positives sont des déclarations qui renforcent la confiance en soi et orientent l'esprit vers des pensées constructives.
   - **Application** :
     - Créez des affirmations qui reflètent vos objectifs et vos valeurs.
     - Répétez-les quotidiennement, surtout le matin et avant de dormir.
     - Exemple : "Je suis capable de surmonter tous les obstacles" ou "Chaque jour, je m'améliore un peu plus."
   - **Avantages** : Elles aident à reprogrammer le subconscient pour adopter une attitude positive et confiante.

2. **Visualisation**
   - **Description** : La visualisation consiste à imaginer de manière vivide vos objectifs et le succès que vous souhaitez atteindre.
   - **Application** :
     - Fermez les yeux et visualisez en détail la réalisation de vos objectifs.
     - Utilisez tous vos sens pour rendre la visualisation aussi réelle que possible.
     - Faites cet exercice régulièrement, surtout avant des événements importants ou des défis.
   - **Avantages** : Renforce la motivation, clarifie les objectifs et prépare mentalement à la réussite.

3. **Éviter la Négativité**

- ○ **Description** : Réduire les influences négatives qui peuvent affecter votre mentalité.
- ○ **Application** :
  - ▪ Identifiez les sources de négativité dans votre vie (personnes, médias, situations) et limitez leur impact.
  - ▪ Remplacez les pensées négatives par des pensées positives et constructives.
  - ▪ Entourez-vous de personnes positives qui vous soutiennent et vous inspirent.
- ○ **Avantages** : Crée un environnement plus positif et propice à la croissance personnelle.

4. **Pratiquer la Gratitude**
   - ○ **Description** : La gratitude consiste à reconnaître et apprécier les aspects positifs de votre vie.
   - ○ **Application** :
     - ▪ Tenez un journal de gratitude et notez-y chaque jour trois choses pour lesquelles vous êtes reconnaissant.
     - ▪ Exprimez votre gratitude aux personnes autour de vous.
     - ▪ Concentrez-vous sur les aspects positifs de chaque situation, même les défis.
   - ○ **Avantages** : Améliore le bien-être émotionnel, réduit le stress et renforce les relations interpersonnelles.

Comment la Pensée Affirmative Influence le Leadership

1. **Inspiration et Motivation**
   - ○ **Description** : Les leaders qui pratiquent la pensée positive inspirent et motivent leurs équipes.

- ○ **Application** :
    - ▪ Utilisez des affirmations positives pour encourager et motiver vos collaborateurs.
    - ▪ Partagez des histoires de réussite et des exemples positifs.
    - ▪ Restez optimiste même face aux défis et montrez l'exemple en maintenant une attitude positive.
- ○ **Avantages** : Augmente la moralité de l'équipe et améliore les performances globales.

2. **Prise de Décision**
   - ○ **Description** : Une mentalité positive améliore la clarté et la confiance dans la prise de décision.
   - ○ **Application** :
       - ▪ Abordez chaque décision avec un état d'esprit positif, en considérant les opportunités plutôt que les obstacles.
       - ▪ Faites confiance à votre intuition et à votre jugement.
       - ▪ Encouragez les décisions basées sur des perspectives positives et des solutions constructives.
   - ○ **Avantages** : Conduit à des décisions plus éclairées et à des résultats plus favorables.

3. **Gestion des Échecs**
   - ○ **Description** : La pensée positive aide à gérer les échecs de manière constructive.
   - ○ **Application** :
       - ▪ Voyez les échecs comme des opportunités d'apprentissage.
       - ▪ Maintenez une attitude positive face à l'adversité et cherchez des moyens

d'améliorer la situation.

- Encouragez votre équipe à adopter la même attitude face aux défis.
  - **Avantages** : Renforce la résilience et transforme les échecs en tremplins vers la réussite.

Exemples Pratiques

1. **Affirmations Quotidiennes pour les Leaders**
   - "Je suis un leader inspirant et motivé."
   - "Chaque défi est une opportunité de croissance."
   - "Je guide mon équipe avec confiance et positivité."
2. **Routine de Visualisation**
   - Prenez 10 minutes chaque matin pour visualiser votre journée idéale.
   - Imaginez-vous surmontant les défis avec succès et atteignant vos objectifs.
3. **Pratiques de Gratitude en Équipe**
   - Commencez les réunions d'équipe par un tour de table où chaque membre partage quelque chose de positif.
   - Encouragez la reconnaissance et l'appréciation mutuelle au sein de l'équipe.

Conclusion

Développer une pensée positive et affirmative est un processus continu qui nécessite de la pratique et de la discipline. En intégrant des affirmations positives, des techniques de visualisation, en évitant la négativité et en pratiquant la gratitude, vous pouvez transformer votre état d'esprit et devenir un leader plus efficace et inspirant. Adoptez ces stratégies pour cultiver une mentalité positive et influencer positivement votre environnement, tout en préparant le terrain pour une réussite durable et épanouissante.

5.2 Le Pouvoir de la Confiance en Soi

La confiance en soi est une qualité fondamentale pour tout leader efficace. Elle permet non seulement de prendre des décisions avec assurance, mais aussi d'inspirer et de motiver les autres. Ce sous-chapitre explore les bases de la confiance en soi, son importance dans le leadership, et des techniques pour la développer et la renforcer.

L'Importance de la Confiance en Soi

1. **Décision et Action** : Les leaders confiants prennent des décisions rapidement et avec conviction. Ils n'hésitent pas à agir même en présence d'incertitude, ce qui est crucial dans un environnement dynamique et changeant.

2. **Inspiration et Influence** : La confiance en soi est contagieuse. Les leaders qui manifestent cette qualité inspirent confiance et respect chez leurs collaborateurs, ce qui améliore l'engagement et la productivité de l'équipe.

3. **Résilience et Adaptabilité** : La confiance en soi permet aux leaders de rester calmes et résilients face aux défis et aux échecs. Ils voient les obstacles comme des opportunités d'apprentissage plutôt que comme des menaces.

4. **Crédibilité** : Les leaders confiants sont perçus comme plus crédibles et compétents, ce qui renforce leur autorité et leur capacité à obtenir le soutien des parties prenantes.

Les Bases de la Confiance en Soi

1. **Connaissance de Soi**
   - **Description** : La confiance en soi commence par une compréhension approfondie de ses propres forces, faiblesses, valeurs et croyances.
   - **Application** :

- Faites régulièrement des introspections pour identifier vos compétences et vos domaines d'amélioration.
- Acceptez vos imperfections et travaillez à les améliorer sans être trop critique envers vous-même.
  - **Avantages** : Une meilleure connaissance de soi permet de bâtir une base solide de confiance intérieure.

2. **Compétence et Expertise**
   - **Description** : La confiance en soi est renforcée par la compétence et l'expertise dans son domaine.
   - **Application** :
     - Investissez du temps et des efforts pour développer vos compétences professionnelles.
     - Restez à jour avec les tendances et les meilleures pratiques de votre secteur.
   - **Avantages** : Plus vous êtes compétent, plus vous serez sûr de vous dans vos capacités à gérer des situations complexes.

3. **État d'Esprit Positif**
   - **Description** : Adopter un état d'esprit positif aide à maintenir la confiance en soi même dans les moments difficiles.
   - **Application** :
     - Pratiquez la gratitude et concentrez-vous sur vos réussites plutôt que sur vos échecs.
     - Utilisez des affirmations positives pour renforcer votre confiance.
   - **Avantages** : Un état d'esprit positif vous aide à rester motivé et optimiste, ce qui est crucial pour

maintenir la confiance en soi.

Techniques pour Développer et Renforcer la Confiance en Soi

1. **Fixer des Objectifs Réalistes et Atteignables**
    - **Description** : Fixer des objectifs réalistes vous aide à accumuler des réussites, ce qui renforce votre confiance en vous.
    - **Application** :
        - Décomposez vos objectifs en étapes plus petites et gérables.
        - Célébrez chaque succès, même les plus petits.
    - **Avantages** : Chaque réussite, aussi petite soit-elle, contribue à renforcer votre confiance en vos capacités.
2. **Prendre des Risques Calculés**
    - **Description** : Prendre des risques calculés et sortir de votre zone de confort sont des moyens puissants de renforcer la confiance en soi.
    - **Application** :
        - Identifiez des situations où vous pouvez prendre des risques mesurés.
        - Apprenez de chaque expérience, qu'elle soit un succès ou un échec.
    - **Avantages** : Prendre des risques calculés vous aide à développer votre résilience et à renforcer votre confiance en vous.
3. **Recevoir et Utiliser les Feedbacks**
    - **Description** : Solliciter et utiliser les feedbacks constructifs est crucial pour l'amélioration continue et le renforcement de la confiance en soi.

- ○ **Application** :
    - ▪ Demandez régulièrement des feedbacks à vos collègues, supérieurs et subordonnés.
    - ▪ Utilisez ces feedbacks pour identifier les domaines à améliorer et pour renforcer vos points forts.
- ○ **Avantages** : Les feedbacks constructifs vous donnent des perspectives précieuses pour vous améliorer et renforcer votre confiance.

4. **Pratiquer la Visualisation**
   - ○ **Description** : La visualisation consiste à imaginer avec précision et détail les situations où vous réussissez.
   - ○ **Application** :
       - ▪ Visualisez-vous en train de réussir dans des situations spécifiques (présentation, négociation, etc.).
       - ▪ Pratiquez cette technique régulièrement pour renforcer votre image de vous-même.
   - ○ **Avantages** : La visualisation positive renforce votre confiance en votre capacité à réussir.

5. **Développer un Réseau de Soutien**
   - ○ **Description** : S'entourer de personnes positives et de mentors peut grandement renforcer votre confiance en vous.
   - ○ **Application** :
       - ▪ Recherchez des mentors et des modèles positifs qui peuvent vous guider et vous inspirer.
       - ▪ Partagez vos défis et vos réussites avec des amis et des collègues de confiance.
   - ○ **Avantages** : Un réseau de soutien vous offre des

encouragements et des conseils précieux, renforçant ainsi votre confiance.

Exemples Pratiques

1. **Exemple de Prise de Risque Calculé**
   - **Situation** : Prendre la parole lors d'une réunion importante.
   - **Action** : Préparez-vous soigneusement, visualisez votre succès et prenez la parole avec assurance.
   - **Résultat** : Que l'intervention soit un succès ou non, l'expérience renforce votre confiance en votre capacité à prendre des initiatives.
2. **Exemple de Recevoir et Utiliser des Feedbacks**
   - **Situation** : Après une présentation, demandez des feedbacks à vos collègues.
   - **Action** : Analysez les retours, identifiez les points à améliorer et appliquez les conseils lors de votre prochaine présentation.
   - **Résultat** : Les feedbacks vous aident à vous améliorer continuellement, renforçant ainsi votre confiance en vos compétences.

Conclusion

La confiance en soi est une qualité indispensable pour tout leader. En développant une meilleure connaissance de soi, en renforçant vos compétences, en adoptant un état d'esprit positif, et en appliquant des techniques comme la fixation d'objectifs réalistes, la prise de risques calculés, et l'utilisation des feedbacks, vous pouvez développer et renforcer votre confiance en vous. Cette confiance vous permettra de prendre des décisions avec assurance, d'inspirer et de motiver les autres, et de surmonter les défis avec résilience et détermination. Adoptez ces stratégies pour cultiver une confiance en soi solide et durable, et devenez le leader inspirant et efficace que vous aspirez à être.

5.3 L'Impact de la Mentalité de Croissance

Une mentalité de croissance est un état d'esprit qui croit en la capacité de développement et d'amélioration continue à travers l'effort, l'apprentissage et la résilience. Dans le contexte du leadership, cette mentalité est cruciale car elle influence directement la manière dont les leaders abordent les défis, prennent des décisions et inspirent leurs équipes. Ce sous-chapitre explore l'importance d'une mentalité de croissance, ses effets positifs et les moyens de la cultiver.

Comprendre la Mentalité de Croissance

1. **Définition et Origine**
   - **Concept** : Introduit par la psychologue Carol Dweck, la mentalité de croissance s'oppose à la mentalité fixe. Les individus avec une mentalité fixe croient que leurs talents et capacités sont innés et immuables. À l'inverse, ceux avec une mentalité de croissance pensent que leurs capacités peuvent s'améliorer par l'effort et l'apprentissage.
   - **Implication** : Cette distinction est essentielle pour comprendre comment les leaders peuvent évoluer et maximiser leur potentiel et celui de leurs équipes.

2. **Caractéristiques d'une Mentalité de Croissance**
   - **Ouverture à l'Apprentissage** : Un désir constant d'apprendre et de s'améliorer.
   - **Persistance face aux Obstacles** : Voir les échecs comme des opportunités d'apprentissage.
   - **Passion pour les Défis** : Rechercher activement des défis pour grandir.
   - **Valorisation de l'Effort** : Croire que l'effort est une

voie vers la maîtrise et le succès.

Les Effets Positifs d'une Mentalité de Croissance

1. **Amélioration Continue**
   - **Description** : Les leaders avec une mentalité de croissance cherchent constamment à s'améliorer et à apprendre.
   - **Impact** :
     - Encourage l'innovation et la créativité.
     - Permet une adaptation rapide aux changements.
     - Favorise une culture d'apprentissage au sein de l'organisation.
2. **Gestion Efficace des Échecs**
   - **Description** : Les échecs sont perçus comme des occasions d'apprentissage plutôt que des défaites.
   - **Impact** :
     - Réduit la peur de l'échec parmi les membres de l'équipe.
     - Encourage la prise de risques calculés.
     - Développe la résilience et la persévérance.
3. **Motivation et Engagement**
   - **Description** : Une mentalité de croissance inspire et motive les équipes à donner le meilleur d'elles-mêmes.
   - **Impact** :
     - Augmente l'engagement et la satisfaction des employés.
     - Améliore la performance collective.
     - Crée un environnement de travail positif et dynamique.

4. **Adaptabilité et Flexibilité**
   - **Description** : Les leaders avec une mentalité de croissance sont plus adaptables et ouverts au changement.
   - **Impact** :
     - Meilleure gestion des crises et des changements imprévus.
     - Capacités accrues à innover et à se réinventer.
     - Renforcement de la compétitivité de l'organisation.

Cultiver une Mentalité de Croissance

1. **Encourager l'Apprentissage et le Développement**
   - **Description** : Promouvoir une culture où l'apprentissage continu est valorisé.
   - **Application** :
     - Offrir des opportunités de formation et de développement professionnel.
     - Encourager la lecture et l'apprentissage autodidacte.
     - Valoriser les efforts et les progrès plutôt que les résultats instantanés.
   - **Avantages** : Développe les compétences et les connaissances au sein de l'équipe, stimulant ainsi la croissance collective.

2. **Adopter une Vision à Long Terme**
   - **Description** : Se concentrer sur des objectifs à long terme et les processus nécessaires pour les atteindre.
   - **Application** :
     - Établir des objectifs de développement

personnel et professionnel à long terme.

- Encourager la réflexion stratégique et la planification à long terme.

- **Avantages** : Renforce la persévérance et l'engagement envers les objectifs ambitieux.

3. **Donner et Recevoir des Feedbacks Constructifs**

- **Description** : Utiliser les feedbacks pour favoriser la croissance et l'amélioration continue.

- **Application** :

  - Fournir des feedbacks réguliers et constructifs aux membres de l'équipe.
  - Recevoir des feedbacks de manière ouverte et proactive.
  - Utiliser les feedbacks pour identifier les domaines d'amélioration et ajuster les stratégies.

- **Avantages** : Crée une boucle de rétroaction positive qui stimule l'amélioration continue et renforce la confiance.

4. **Valoriser l'Effort et la Persévérance**

- **Description** : Reconnaître et récompenser les efforts et la persévérance, pas seulement les résultats.

- **Application** :

  - Célébrer les petites victoires et les efforts continus.
  - Mettre en place des systèmes de reconnaissance et de récompense basés sur l'effort.

- **Avantages** : Encourage une culture de persévérance et de détermination, augmentant ainsi la résilience et l'engagement.

Exemples Pratiques

1. **Promotion de l'Apprentissage Continu**
   - **Situation** : Une entreprise souhaite encourager l'innovation parmi ses employés.
   - **Action** : Mettre en place des sessions de formation régulières et des programmes de mentorat.
   - **Résultat** : Les employés se sentent plus motivés et équipés pour innover et proposer de nouvelles idées.
2. **Gestion des Échecs**
   - **Situation** : Un projet important échoue à atteindre ses objectifs.
   - **Action** : Analyser les causes de l'échec, en tirer des leçons et appliquer ces leçons à de futurs projets.
   - **Résultat** : L'équipe devient plus résiliente et mieux préparée pour éviter les erreurs similaires à l'avenir.

Conclusion

Adopter une mentalité de croissance est essentiel pour devenir un leader efficace. Cette mentalité permet de voir les défis comme des opportunités d'apprentissage, de valoriser l'effort et la persévérance, et de cultiver une culture d'amélioration continue. En encourageant l'apprentissage, en adoptant une vision à long terme, en valorisant l'effort et en donnant des feedbacks constructifs, vous pouvez développer cette mentalité et inspirer votre équipe à faire de même. Une mentalité de croissance transforme non seulement votre leadership, mais aussi l'organisation toute entière, en favorisant l'innovation, la résilience et la réussite durable.

Chapitre 6 : Fixer et Atteindre des Objectifs

6.1 SMART Goals

Dans le domaine du développement personnel et du leadership, la fixation d'objectifs clairs et atteignables est cruciale pour le succès. Une méthode éprouvée pour fixer des objectifs efficaces est l'approche SMART, qui signifie Spécifiques, Mesurables, Atteignables, Réalistes (ou Pertinents) et Temporels. Ce sous-chapitre explore en profondeur la définition des objectifs SMART, leurs avantages, et comment les appliquer pour maximiser vos chances de réussite.

Comprendre les Objectifs SMART

1. **Spécifiques**
   - **Description** : Un objectif spécifique est clair et précis, ce qui élimine toute ambiguïté.
   - **Exemple** : Plutôt que de dire "Je veux être en meilleure forme", un objectif spécifique serait "Je veux courir 5 kilomètres trois fois par semaine".
   - **Avantages** : La spécificité aide à concentrer les efforts et à clarifier ce qui doit être accompli.

2. **Mesurables**
   - **Description** : Les objectifs mesurables permettent de suivre les progrès et de savoir quand l'objectif est atteint.
   - **Exemple** : "Perdre 5 kilogrammes en deux mois" est mesurable, contrairement à "perdre du poids".
   - **Avantages** : La mesure permet de rester motivé en suivant les progrès et d'ajuster les actions si nécessaire.

3. **Atteignables**
   - **Description** : Un objectif atteignable est réaliste et peut être réalisé avec les ressources et les contraintes actuelles.
   - **Exemple** : "Apprendre les bases de la programmation en trois mois" est probablement atteignable pour quelqu'un qui consacre du temps quotidiennement à l'apprentissage.
   - **Avantages** : Les objectifs atteignables préviennent le découragement et augmentent les chances de succès.

4. **Réalistes (ou Pertinents)**
   - **Description** : Un objectif réaliste ou pertinent est pertinent par rapport à vos compétences, ressources et ambitions.
   - **Exemple** : "Développer une compétence en gestion de projet pour améliorer mes perspectives de carrière" est réaliste et pertinent pour quelqu'un dans le domaine professionnel.
   - **Avantages** : La pertinence garantit que l'objectif a un sens et une valeur dans votre contexte personnel ou professionnel.

5. **Temporels**
   - **Description** : Les objectifs temporels ont une date limite claire, ce qui crée un sentiment d'urgence et de motivation.
   - **Exemple** : "Lire un livre sur le développement personnel chaque mois pendant un an".
   - **Avantages** : Les échéances aident à maintenir l'élan et à éviter la procrastination.

Les Avantages des Objectifs SMART

1. **Clarté et Concentration**
   - **Description** : Les objectifs SMART fournissent une direction claire et précise.
   - **Impact** : Vous savez exactement ce que vous voulez accomplir et comment vous allez y parvenir.
   - **Avantage** : Une concentration accrue sur les étapes nécessaires pour atteindre vos objectifs.
2. **Motivation et Engagement**
   - **Description** : Les objectifs mesurables et temporels permettent de suivre les progrès et de rester motivé.
   - **Impact** : Voir des progrès concrets maintient l'engagement et la motivation.
   - **Avantage** : Vous restez sur la bonne voie et êtes encouragé par les petits succès.
3. **Efficacité et Productivité**
   - **Description** : Les objectifs SMART permettent de maximiser l'efficacité en se concentrant sur les tâches prioritaires.
   - **Impact** : Vous travaillez de manière plus intelligente, en utilisant efficacement votre temps et vos ressources.
   - **Avantage** : Une productivité accrue grâce à une meilleure organisation et planification.
4. **Réduction du Stress**
   - **Description** : Avoir des objectifs clairs et atteignables réduit l'incertitude et le stress.
   - **Impact** : Une meilleure gestion du stress et un sentiment de contrôle sur vos actions.
   - **Avantage** : Un bien-être amélioré et une meilleure santé mentale.

Comment Fixer des Objectifs SMART

1. **Évaluation Initiale**
   - **Action** : Évaluez votre situation actuelle et identifiez les domaines à améliorer.
   - **Application** : Faites un bilan de vos compétences, ressources et contraintes.
   - **Résultat** : Une base claire pour définir des objectifs pertinents et réalistes.

2. **Définition des Objectifs**
   - **Action** : Utilisez les critères SMART pour formuler vos objectifs.
   - **Application** : Rédigez des objectifs spécifiques, mesurables, atteignables, réalistes et temporels.
   - **Résultat** : Des objectifs clairs et bien définis qui guident vos actions.

3. **Planification et Mise en Œuvre**
   - **Action** : Développez un plan d'action détaillé pour atteindre vos objectifs.
   - **Application** : Identifiez les étapes nécessaires, les ressources requises et les échéances.
   - **Résultat** : Un plan concret pour atteindre vos objectifs de manière efficace et organisée.

4. **Suivi et Évaluation**
   - **Action** : Suivez régulièrement vos progrès et évaluez les résultats.
   - **Application** : Utilisez des outils de suivi comme des journaux de bord ou des applications de gestion de tâches.
   - **Résultat** : Une évaluation continue qui permet d'ajuster les actions et de maintenir l'élan.

Exemples Pratiques

1. **Objectif de Carrière SMART**
    ◦   **Objectif** : "Obtenir une certification en gestion de projet (PMP) dans les 12 prochains mois."
    ◦   **Spécifique** : Certification en gestion de projet.
    ◦   **Mesurable** : Obtenir la certification.
    ◦   **Atteignable** : Avec une étude régulière et un plan de préparation.
    ◦   **Réaliste** : Pertinent pour la progression de carrière.
    ◦   **Temporel** : Dans les 12 prochains mois.
    ◦   **Impact** : Amélioration des perspectives de carrière et des compétences professionnelles.

2. **Objectif de Santé SMART**
    ◦   **Objectif** : "Perdre 10 kilogrammes en six mois en suivant un régime équilibré et en faisant de l'exercice trois fois par semaine."
    ◦   **Spécifique** : Perdre 10 kilogrammes.
    ◦   **Mesurable** : Suivi du poids perdu.
    ◦   **Atteignable** : Avec un régime et un programme d'exercice régulier.
    ◦   **Réaliste** : Pertinent pour améliorer la santé.
    ◦   **Temporel** : En six mois.
    ◦   **Impact** : Amélioration de la santé et du bien-être général.

Conclusion

Les objectifs SMART sont un outil puissant pour fixer et atteindre des objectifs de manière efficace et organisée. En étant spécifiques, mesurables, atteignables, réalistes et temporels, ces objectifs fournissent une direction claire, maintiennent la motivation, augmentent l'efficacité et réduisent le stress. En adoptant l'approche SMART, vous pouvez maximiser vos chances de succès dans divers domaines de votre vie, que ce soit personnel, professionnel ou de santé. Utilisez cette méthode pour fixer des objectifs clairs et atteignables, et observez comment votre détermination et votre productivité s'améliorent.

6.2 Décomposer les Objectifs

Fixer des objectifs ambitieux est une étape essentielle pour réussir dans la vie, mais il est tout aussi crucial de savoir comment les décomposer en étapes plus petites et gérables. Cette approche permet de rendre les objectifs plus accessibles, de maintenir la motivation et de suivre les progrès plus efficacement. Dans ce sous-chapitre, nous explorerons l'importance de la décomposition des objectifs, les techniques pour y parvenir et les avantages associés.

L'Importance de la Décomposition des Objectifs

1. **Rendre les Objectifs Moins Intimidants**
   - **Description** : Les grands objectifs peuvent sembler écrasants et décourageants. Les décomposer en sous-objectifs plus petits les rend plus abordables.
   - **Exemple** : Transformer un objectif comme "écrire un livre" en étapes plus petites comme "écrire un chapitre par mois".
   - **Avantages** : Réduit l'anxiété et augmente la motivation en rendant chaque étape atteignable.
2. **Faciliter la Planification et l'Organisation**
   - **Description** : La décomposition aide à organiser le travail de manière logique et structurée.
   - **Exemple** : Planifier les étapes nécessaires à la réalisation de chaque sous-objectif.
   - **Avantages** : Permet une gestion plus efficace du temps et des ressources, améliorant ainsi la productivité.
3. **Suivre les Progrès et Maintenir la Motivation**
   - **Description** : Des sous-objectifs bien définis permettent de mesurer les progrès plus

fréquemment.

- ◦ **Exemple** : Célébrer l'achèvement de chaque étape pour maintenir l'élan.
- ◦ **Avantages** : Renforce la motivation et le sentiment d'accomplissement à chaque étape franchie.

Techniques pour Décomposer les Objectifs

1. **Identification des Sous-Objectifs**
   - ◦ **Action** : Diviser l'objectif principal en plusieurs sous-objectifs.
   - ◦ **Application** : Pour un objectif de "créer une entreprise", les sous-objectifs pourraient inclure "élaborer un business plan", "obtenir un financement", "lancer un site web" et "commercialiser les produits".
   - ◦ **Résultat** : Une série d'étapes claires et gérables menant à l'accomplissement de l'objectif principal.

2. **Utiliser la Méthode SMART pour Chaque Sous-Objectif**
   - ◦ **Action** : Appliquer les critères SMART (Spécifique, Mesurable, Atteignable, Réaliste, Temporel) à chaque sous-objectif.
   - ◦ **Application** : Pour le sous-objectif "élaborer un business plan", un SMART objectif pourrait être "rédiger un business plan de 20 pages d'ici la fin du mois".
   - ◦ **Résultat** : Des sous-objectifs clairs et bien définis qui facilitent la réalisation progressive de l'objectif principal.

3. **Établir une Chronologie**
   - ◦ **Action** : Définir des délais pour chaque sous-objectif.
   - ◦ **Application** : Créer un calendrier détaillé avec des

échéances spécifiques pour chaque étape.

- ◦ **Résultat** : Une planification temporelle qui assure une progression régulière vers l'objectif principal.

4. **Prioriser les Sous-Objectifs**
   - ◦ **Action** : Déterminer l'ordre de priorité des sous-objectifs en fonction de leur importance et de leur dépendance les uns par rapport aux autres.
   - ◦ **Application** : Identifier les sous-objectifs critiques à accomplir en premier pour permettre la réalisation des suivants.
   - ◦ **Résultat** : Une séquence logique et efficace d'actions qui optimise l'utilisation des ressources et du temps.

Avantages de la Décomposition des Objectifs

1. **Meilleure Gestion du Temps**
   - ◦ **Description** : La décomposition des objectifs permet une gestion plus précise et efficace du temps.
   - ◦ **Impact** : Chaque sous-objectif peut être intégré dans un emploi du temps quotidien ou hebdomadaire.
   - ◦ **Avantage** : Améliore la productivité en évitant la procrastination et en favorisant une utilisation optimale du temps disponible.

2. **Augmentation de la Motivation**
   - ◦ **Description** : La réalisation régulière de sous-objectifs renforce la motivation et l'engagement.
   - ◦ **Impact** : Chaque étape accomplie procure un sentiment d'accomplissement et de progrès.
   - ◦ **Avantage** : Maintient l'enthousiasme et la détermination tout au long du processus.

3. **Réduction du Stress**
   - ◦ **Description** : Des objectifs plus petits et gérables

sont moins stressants que des objectifs ambitieux et vagues.

- **Impact** : La clarté et la faisabilité des sous-objectifs réduisent l'anxiété associée à la réalisation des grands objectifs.
- **Avantage** : Améliore le bien-être général et la capacité à rester concentré.

Exemples Pratiques

1. **Objectif de Carrière**
    - **Objectif Principal** : "Obtenir une promotion au poste de directeur."
    - **Sous-Objectifs** :
        - "Améliorer mes compétences en leadership en suivant un cours de gestion d'ici six mois."
        - "Augmenter mon réseau professionnel en participant à au moins deux événements de l'industrie par mois."
        - "Présenter au moins trois projets innovants à mon supérieur dans l'année."
    - **Résultat** : Une approche structurée et progressive vers l'objectif de promotion.
2. **Objectif de Santé**
    - **Objectif Principal** : "Courir un marathon en un an."
    - **Sous-Objectifs** :
        - "Commencer par courir 5 km trois fois par semaine pendant le premier mois."
        - "Augmenter progressivement la distance de course de 5 km tous les deux mois."
        - "Participer à une course de 10 km au bout

de six mois."
- "S'inscrire à une demi-marathon à neuf mois."
  - **Résultat** : Une progression mesurée et réaliste vers la participation au marathon.

Conclusion

Décomposer les objectifs est une stratégie essentielle pour transformer des ambitions grandes et intimidantes en actions réalisables et mesurables. En divisant un objectif principal en sous-objectifs spécifiques, mesurables, atteignables, réalistes et temporels, on facilite la planification, maintient la motivation et optimise la gestion du temps. Cette approche permet non seulement de réduire le stress et l'anxiété associés aux grands objectifs, mais aussi de célébrer les succès intermédiaires, renforçant ainsi la confiance et l'engagement. En appliquant ces techniques de décomposition, vous serez mieux équipé pour atteindre vos objectifs avec succès et bâtir une trajectoire solide vers la réussite.

6.3 Suivre et Réviser

La fixation des objectifs est une étape cruciale dans la réalisation de vos aspirations, mais ce n'est que le début. Le suivi et la révision régulière de ces objectifs sont tout aussi essentiels pour garantir que vous restez sur la bonne voie et que vous adaptez vos stratégies en fonction des progrès et des défis rencontrés. Dans ce sous-chapitre, nous examinerons les méthodes efficaces pour suivre vos objectifs, l'importance de la révision régulière, et comment ajuster vos plans pour optimiser les résultats.

L'Importance du Suivi des Objectifs

1. **Maintenir la Motivation**
   - **Description** : Suivre vos progrès régulièrement aide à maintenir un niveau élevé de motivation.
   - **Exemple** : Tenir un journal de bord où vous notez chaque petite avancée vers votre objectif.
   - **Avantages** : Vous permet de visualiser les progrès, ce qui renforce la motivation et l'engagement.

2. **Identifier les Déviations**
   - **Description** : Le suivi vous permet de détecter rapidement les écarts par rapport à votre plan initial.
   - **Exemple** : Utiliser des tableaux de bord ou des applications de suivi pour repérer les retards ou les obstacles inattendus.
   - **Avantages** : Vous aide à réagir rapidement et à ajuster votre plan d'action pour corriger la trajectoire.

3. **Évaluer l'Efficacité**
   - **Description** : Le suivi continu permet d'évaluer l'efficacité des actions mises en place.
   - **Exemple** : Analyser les résultats obtenus par rapport

aux objectifs fixés pour déterminer ce qui fonctionne et ce qui ne fonctionne pas.

- ◦ **Avantages** : Optimise l'utilisation des ressources et maximise les chances de succès.

Méthodes pour Suivre les Objectifs

1. **Journaux de Bord et Carnets de Suivi**
   - ◦ **Action** : Tenir un journal quotidien ou hebdomadaire où vous notez vos progrès, défis et réalisations.
   - ◦ **Application** : Consacrer quelques minutes chaque jour pour écrire vos réussites et les obstacles rencontrés.
   - ◦ **Résultat** : Une documentation détaillée de votre parcours qui peut être revue pour des réflexions futures.

2. **Applications et Outils de Suivi**
   - ◦ **Action** : Utiliser des applications mobiles ou des logiciels pour suivre vos objectifs de manière numérique.
   - ◦ **Application** : Paramétrer des rappels et des notifications pour des tâches spécifiques liées à vos objectifs.
   - ◦ **Résultat** : Un suivi en temps réel et une gestion plus efficace des objectifs grâce à la technologie.

3. **Tableaux de Bord Visuels**
   - ◦ **Action** : Créer des tableaux de bord visuels comme des graphiques, des diagrammes ou des tableaux pour représenter vos progrès.
   - ◦ **Application** : Mettre à jour régulièrement les données pour visualiser les progrès de manière claire

et engageante.

- ◦ **Résultat** : Une vue d'ensemble des progrès qui peut être facilement interprétée et partagée.

L'Importance de la Révision Régulière

1. **Réévaluer les Priorités**
   - ◦ **Description** : La révision régulière permet de réévaluer vos priorités en fonction des circonstances changeantes.
   - ◦ **Exemple** : Tous les mois, revoir vos objectifs et ajuster les priorités si nécessaire en fonction des nouvelles informations ou des changements de situation.
   - ◦ **Avantages** : Assure que vos efforts sont toujours alignés avec vos priorités actuelles.

2. **Adapter les Stratégies**
   - ◦ **Description** : Lors de la révision, vous pouvez ajuster vos stratégies pour mieux atteindre vos objectifs.
   - ◦ **Exemple** : Si une méthode particulière n'atteint pas les résultats escomptés, modifier ou changer de stratégie.
   - ◦ **Avantages** : Augmente les chances de succès en adaptant continuellement les approches.

3. **Fixer de Nouveaux Objectifs**
   - ◦ **Description** : Une révision périodique vous permet de fixer de nouveaux objectifs basés sur vos progrès actuels.
   - ◦ **Exemple** : Une fois qu'un sous-objectif est atteint, définir un nouvel objectif plus ambitieux pour continuer à avancer.

◦ **Avantages** : Maintient le momentum et la progression continue vers des résultats plus élevés.

Techniques de Révision des Objectifs

1. **Revues Hebdomadaires et Mensuelles**
   ◦ **Action** : Planifier des sessions de révision hebdomadaires et mensuelles pour évaluer les progrès et ajuster les plans.
   ◦ **Application** : Utiliser un modèle de revue où vous évaluez ce qui a été accompli, ce qui reste à faire, et les ajustements nécessaires.
   ◦ **Résultat** : Un processus structuré pour assurer une progression régulière et des ajustements efficaces.

2. **Feedback et Réflexion**
   ◦ **Action** : Solliciter des feedbacks de mentors, collègues ou amis pour obtenir des perspectives extérieures sur vos progrès.
   ◦ **Application** : Intégrer les feedbacks dans votre plan de révision pour améliorer vos stratégies.
   ◦ **Résultat** : Des améliorations continues basées sur des perspectives multiples et diversifiées.

3. **Analyse SWOT (Forces, Faiblesses, Opportunités, Menaces)**
   ◦ **Action** : Effectuer une analyse SWOT périodique pour évaluer les forces, faiblesses, opportunités et menaces liées à vos objectifs.
   ◦ **Application** : Utiliser cette analyse pour ajuster vos objectifs et stratégies en conséquence.
   ◦ **Résultat** : Une compréhension approfondie des facteurs internes et externes qui influencent vos objectifs, permettant des ajustements plus informés.

Avantages du Suivi et de la Révision

1. **Meilleure Adaptabilité**
   - **Description** : Un suivi et une révision réguliers permettent une adaptation rapide aux changements et aux défis.
   - **Impact** : Réduisent le temps de réponse face aux obstacles et maximisent les opportunités.
   - **Avantage** : Assure une progression continue même dans des environnements changeants.

2. **Amélioration Continue**
   - **Description** : La révision régulière encourage une culture d'amélioration continue.
   - **Impact** : Chaque session de révision offre des opportunités pour affiner les stratégies et les objectifs.
   - **Avantage** : Favorise une croissance constante et des performances optimisées.

3. **Accroissement de la Clarté et du Focus**
   - **Description** : Le processus de suivi et de révision améliore la clarté et le focus sur les objectifs.
   - **Impact** : Aide à maintenir une vision claire et à éviter les distractions.
   - **Avantage** : Augmente l'efficacité et la productivité dans la réalisation des objectifs.

Conclusion

Le suivi et la révision des objectifs sont des étapes essentielles pour garantir que vous restez sur la bonne voie et que vous adaptez vos stratégies en fonction des progrès réalisés. En utilisant des techniques de suivi comme les journaux de bord, les applications de suivi et les tableaux de bord visuels, et en planifiant des revues régulières, vous pouvez maintenir la motivation, identifier rapidement les déviations et optimiser vos efforts. Cette approche vous permettra non seulement d'atteindre vos objectifs plus efficacement, mais aussi de développer une résilience et une adaptabilité cruciales pour réussir dans tous les aspects de votre vie.

Chapitre 7 : La Maîtrise de l'Énergie et de la Santé

7.1 Alimentation et Nutrition

L'alimentation et la nutrition jouent un rôle fondamental dans la maîtrise de l'énergie et de la santé. Une alimentation équilibrée et bien pensée peut non seulement améliorer votre bien-être physique mais aussi augmenter votre énergie, renforcer votre système immunitaire, et optimiser vos performances cognitives. Ce sous-chapitre explore les principes clés de la nutrition, les éléments essentiels d'une alimentation saine, et des conseils pratiques pour intégrer ces concepts dans votre vie quotidienne.

Les Principes Clés de la Nutrition

1. **Équilibre Alimentaire**
   - **Description** : L'équilibre alimentaire consiste à consommer des nutriments variés dans des proportions adéquates pour répondre aux besoins du corps.
   - **Exemple** : Un repas équilibré comprend des portions appropriées de protéines, de glucides, de lipides, de vitamines, et de minéraux.
   - **Avantages** : Maintient les fonctions corporelles optimales, favorise une bonne santé et prévient les carences nutritionnelles.

2. **Densité Nutritionnelle**
   - **Description** : La densité nutritionnelle se réfère à la quantité de nutriments présents dans un aliment par rapport à son apport calorique.
   - **Exemple** : Les légumes verts à feuilles comme le

chou frisé et les épinards sont riches en vitamines et minéraux tout en étant faibles en calories.

- ◦ **Avantages** : Favorise une alimentation riche en nutriments essentiels sans excès calorique, ce qui aide à maintenir un poids santé.

3. **Modération**
   - ◦ **Description** : La modération implique de consommer une variété d'aliments sans excès, en évitant les portions trop grandes et les aliments trop riches en sucres, en graisses saturées, et en sel.
   - ◦ **Exemple** : Déguster une petite portion de dessert de temps en temps plutôt que de se priver complètement ou de se laisser aller à des excès réguliers.
   - ◦ **Avantages** : Permet de profiter des plaisirs alimentaires tout en évitant les risques pour la santé associés aux excès alimentaires.

Les Éléments Essentiels d'une Alimentation Saine

1. **Protéines**
   - ◦ **Description** : Les protéines sont essentielles pour la réparation et la croissance des tissus corporels.
   - ◦ **Sources** : Viandes maigres, poisson, œufs, produits laitiers, légumineuses, noix et graines.
   - ◦ **Quantité Recommandée** : Varie selon l'âge, le sexe, et le niveau d'activité, mais en général, environ 0,8 à 1 gramme par kilogramme de poids corporel.

2. **Glucides**
   - ◦ **Description** : Les glucides fournissent l'énergie nécessaire pour les activités quotidiennes et les fonctions corporelles.

- ◦ **Sources** : Fruits, légumes, grains entiers, légumineuses.
- ◦ **Quantité Recommandée** : Devraient représenter environ 45-65% de l'apport calorique quotidien.

3. **Lipides**
   - ◦ **Description** : Les lipides sont importants pour la santé cellulaire, l'absorption des vitamines liposolubles et la production d'hormones.
   - ◦ **Sources** : Huiles végétales, avocats, noix, poissons gras.
   - ◦ **Quantité Recommandée** : Devraient représenter environ 20-35% de l'apport calorique quotidien.

4. **Vitamines et Minéraux**
   - ◦ **Description** : Les vitamines et les minéraux sont indispensables pour de nombreuses fonctions corporelles, y compris la santé des os, la production d'énergie, et l'immunité.
   - ◦ **Sources** : Une variété d'aliments, en particulier les fruits et légumes, les produits laitiers, les viandes, et les grains entiers.
   - ◦ **Quantité Recommandée** : Varie selon le nutriment, mais une alimentation diversifiée généralement couvre les besoins.

Conseils Pratiques pour une Alimentation Saine

1. **Planification des Repas**
   - ◦ **Action** : Planifiez vos repas à l'avance pour assurer un équilibre nutritionnel et éviter les choix alimentaires impulsifs.
   - ◦ **Application** : Préparez un menu hebdomadaire incluant des aliments de chaque groupe alimentaire,

et faites une liste de courses en conséquence.

- ◦ **Résultat** : Facilite des choix alimentaires sains et réduit le stress lié aux repas quotidiens.

2. **Cuisiner à la Maison**

- ◦ **Action** : Préparez la majorité de vos repas à la maison pour contrôler les ingrédients et les portions.
- ◦ **Application** : Essayez de nouvelles recettes, utilisez des ingrédients frais et non transformés, et limitez les ajouts de sucre, de sel, et de graisses.
- ◦ **Résultat** : Une alimentation plus saine et plus économique, avec une meilleure maîtrise de la qualité nutritionnelle de vos repas.

3. **Hydratation**

- ◦ **Action** : Assurez-vous de boire suffisamment d'eau tout au long de la journée.
- ◦ **Application** : Visez à boire au moins 1,5 à 2 litres d'eau par jour, plus si vous êtes physiquement actif ou par temps chaud.
- ◦ **Résultat** : Améliore la digestion, maintient l'énergie et favorise une peau saine.

4. **Écouter Son Corps**

- ◦ **Action** : Apprenez à écouter les signaux de faim et de satiété de votre corps.
- ◦ **Application** : Mangez lentement et arrêtez-vous de manger lorsque vous vous sentez rassasié, plutôt que de vous fier aux portions servies ou aux habitudes.
- ◦ **Résultat** : Évite la suralimentation et favorise une relation plus saine avec la nourriture.

Conclusion

Une alimentation et une nutrition adéquates sont essentielles pour maîtriser votre énergie et maintenir une bonne santé. En adoptant des principes clés tels que l'équilibre alimentaire, la densité nutritionnelle et la modération, et en suivant des conseils pratiques comme la planification des repas, la cuisine maison et l'écoute de votre corps, vous pouvez optimiser votre bien-être physique et mental. Intégrer ces pratiques dans votre routine quotidienne vous aidera non seulement à atteindre vos objectifs de santé, mais aussi à vivre une vie plus épanouissante et énergique.

7.2 Exercice et Fitness

L'exercice physique et le fitness jouent un rôle crucial dans la maîtrise de l'énergie et de la santé. En adoptant une routine d'exercice régulière, vous pouvez non seulement améliorer votre condition physique mais aussi augmenter votre bien-être mental, réduire le stress, et augmenter votre énergie globale. Ce sous-chapitre explore les différents types d'exercices, les avantages de l'activité physique et des conseils pour intégrer l'exercice dans votre vie quotidienne de manière efficace et durable.

Les Différents Types d'Exercices

1. **Cardio**
   - **Description** : Les exercices cardio-vasculaires augmentent la fréquence cardiaque et améliorent la santé cardiaque.
   - **Exemples** : Course à pied, natation, cyclisme, danse aérobique.
   - **Avantages** : Améliore l'endurance, brûle des calories, et renforce le système cardiovasculaire.

2. **Renforcement Musculaire**
   - **Description** : Le renforcement musculaire consiste à travailler les muscles pour les rendre plus forts et plus résistants.
   - **Exemples** : Haltérophilie, exercices au poids du corps (comme les pompes et les squats), entraînement avec des bandes de résistance.
   - **Avantages** : Augmente la masse musculaire, renforce les os, améliore le métabolisme.

3. **Flexibilité et Mobilité**
   - **Description** : Les exercices de flexibilité et de

mobilité améliorent l'amplitude des mouvements et préviennent les blessures.

- ◦ **Exemples** : Yoga, Pilates, étirements dynamiques.
- ◦ **Avantages** : Améliore la posture, réduit les douleurs musculaires, augmente la flexibilité.

4. **Équilibre**

- ◦ **Description** : Les exercices d'équilibre aident à stabiliser le corps et à prévenir les chutes.
- ◦ **Exemples** : Tai Chi, exercices sur une balle de stabilité, yoga.
- ◦ **Avantages** : Renforce les muscles stabilisateurs, améliore la coordination, réduit le risque de blessures.

Les Avantages de l'Activité Physique

1. **Amélioration de la Santé Physique**

- ◦ **Cardiovasculaire** : Réduit le risque de maladies cardiaques, d'hypertension, et d'AVC.
- ◦ **Musculo-squelettique** : Renforce les muscles et les os, réduit le risque d'ostéoporose et de fractures.
- ◦ **Immunitaire** : Stimule le système immunitaire, aidant à combattre les maladies et infections.

2. **Amélioration de la Santé Mentale**

- ◦ **Réduction du Stress** : Libération d'endorphines, les "hormones du bonheur", qui aident à réduire le stress et l'anxiété.
- ◦ **Amélioration de l'Humeur** : Peut aider à traiter la dépression et à améliorer l'humeur générale.
- ◦ **Augmentation de la Confiance en Soi** : Atteindre des objectifs de fitness peut renforcer la confiance en soi et l'estime de soi.

3. **Gestion du Poids**
   - **Brûlage de Calories** : L'exercice aide à brûler des calories, ce qui est essentiel pour la gestion et la perte de poids.
   - **Augmentation du Métabolisme** : L'augmentation de la masse musculaire grâce à l'exercice peut stimuler le métabolisme, aidant à brûler plus de calories même au repos.

4. **Amélioration du Sommeil**
   - **Qualité du Sommeil** : L'activité physique régulière peut aider à s'endormir plus rapidement et à améliorer la qualité du sommeil.
   - **Régularité du Sommeil** : Peut aider à réguler les cycles de sommeil, permettant de se sentir plus reposé et énergique.

Conseils pour Intégrer l'Exercice dans Votre Vie Quotidienne

1. **Fixer des Objectifs Réalistes**
   - **Action** : Définissez des objectifs d'exercice spécifiques, mesurables, atteignables, pertinents, et limités dans le temps (SMART).
   - **Application** : Par exemple, commencez par viser à marcher 30 minutes par jour, 5 jours par semaine.
   - **Résultat** : Des objectifs réalistes augmentent les chances de réussite et de maintenir la motivation.

2. **Choisir des Activités Plaisantes**
   - **Action** : Sélectionnez des activités physiques que vous aimez.
   - **Application** : Essayez différentes activités comme la danse, le vélo, la natation, ou même des sports d'équipe.

- ◦ **Résultat** : Vous serez plus susceptible de rester engagé et de profiter de votre routine d'exercice.

3. **Intégrer l'Exercice dans la Routine Quotidienne**
   - ◦ **Action** : Trouvez des moyens d'intégrer l'exercice dans votre emploi du temps quotidien.
   - ◦ **Application** : Utilisez les escaliers au lieu de l'ascenseur, faites une promenade pendant votre pause déjeuner, ou faites de l'exercice tout en regardant la télévision.
   - ◦ **Résultat** : Intégrer l'exercice dans votre routine quotidienne le rend plus faisable et moins intimidant.

4. **Varier les Exercices**
   - ◦ **Action** : Changez régulièrement votre routine d'exercice pour éviter l'ennui et travailler différents groupes musculaires.
   - ◦ **Application** : Alternez entre cardio, renforcement musculaire, flexibilité, et exercices d'équilibre.
   - ◦ **Résultat** : Une routine variée garde l'exercice intéressant et assure un développement physique équilibré.

5. **Faire de l'Exercice une Priorité**
   - ◦ **Action** : Accordez une priorité élevée à l'exercice dans votre emploi du temps.
   - ◦ **Application** : Planifiez des sessions d'exercice comme vous le feriez pour des rendez-vous importants et respectez ces engagements.
   - ◦ **Résultat** : Faire de l'exercice une priorité contribue à maintenir la régularité et à intégrer l'activité physique comme une partie essentielle de votre vie.

Conclusion

L'exercice et le fitness sont essentiels pour maîtriser l'énergie et la santé. En incorporant divers types d'exercices dans votre routine, en comprenant les nombreux avantages de l'activité physique, et en suivant des conseils pratiques pour intégrer l'exercice dans votre vie quotidienne, vous pouvez améliorer votre bien-être physique et mental. En fin de compte, l'exercice régulier vous aide non seulement à atteindre vos objectifs de santé mais aussi à vivre une vie plus équilibrée, énergique et épanouissante.

7.3 Gestion du Sommeil

Le sommeil joue un rôle crucial dans la maîtrise de l'énergie et de la santé globale. Une bonne qualité de sommeil est essentielle pour le fonctionnement optimal du corps et de l'esprit. Ce sous-chapitre explore l'importance du sommeil, les conséquences d'un manque de sommeil, et fournit des stratégies pour améliorer la qualité et la quantité de votre sommeil.

L'Importance du Sommeil

1. **Récupération Physique**
   - **Description** : Pendant le sommeil, le corps répare les tissus musculaires, synthétise les protéines et libère des hormones de croissance.
   - **Avantages** : Favorise la récupération après l'exercice, renforce le système immunitaire et soutient la croissance et la réparation des cellules.
2. **Fonction Cognitive**
   - **Description** : Le sommeil joue un rôle essentiel dans la consolidation de la mémoire, l'apprentissage et la créativité.
   - **Avantages** : Améliore les capacités de concentration, de prise de décision, et de résolution de problèmes.
3. **Régulation Émotionnelle**
   - **Description** : Un sommeil adéquat aide à réguler les émotions et à gérer le stress.
   - **Avantages** : Réduit l'anxiété, améliore l'humeur et diminue le risque de dépression.

Conséquences d'un Manque de Sommeil

1. **Impact sur la Santé Physique**
   - **Risque accru de maladies** : Le manque de sommeil est lié à un risque accru de maladies cardiovasculaires, de diabète, et d'obésité.
   - **Affaiblissement du système immunitaire** : Un sommeil insuffisant affaiblit le système immunitaire, augmentant la susceptibilité aux infections.
2. **Impact sur la Santé Mentale**
   - **Déclin cognitif** : Un sommeil insuffisant peut entraîner des problèmes de concentration, de mémoire, et de prise de décision.
   - **Problèmes émotionnels** : Le manque de sommeil est associé à une augmentation de l'irritabilité, de l'anxiété, et de la dépression.
3. **Impact sur les Performances**
   - **Diminution de la performance physique** : La fatigue due au manque de sommeil réduit l'endurance et les capacités physiques.
   - **Diminution de la productivité** : La somnolence diurne affecte la productivité au travail et la capacité à accomplir les tâches quotidiennes.

Stratégies pour Améliorer la Qualité du Sommeil

1. **Établir une Routine de Sommeil**
   - **Action** : Aller au lit et se lever à la même heure chaque jour, même les week-ends.
   - **Avantages** : Renforce le rythme circadien, facilitant l'endormissement et le réveil naturel.
   - **Application** : Fixez une heure de coucher et de lever qui vous permet de bénéficier de 7 à 9 heures de sommeil par nuit.

2. **Créer un Environnement de Sommeil Optimal**
    - **Action** : Aménagez votre chambre pour qu'elle soit propice au sommeil.
    - **Avantages** : Un environnement de sommeil calme, sombre, et frais favorise un sommeil de meilleure qualité.
    - **Application** : Utilisez des rideaux occultants, réduisez les sources de bruit avec des bouchons d'oreilles ou une machine à bruit blanc, et maintenez la température de la chambre entre 16-19°C.

3. **Limiter les Écrans Avant de Dormir**
    - **Action** : Évitez les écrans (téléphones, ordinateurs, télévisions) au moins une heure avant le coucher.
    - **Avantages** : La lumière bleue des écrans interfère avec la production de mélatonine, l'hormone du sommeil.
    - **Application** : Lisez un livre, prenez un bain chaud ou pratiquez la méditation avant de dormir.

4. **Adopter des Habitudes Alimentaires Saines**
    - **Action** : Évitez les repas lourds, la caféine et l'alcool avant le coucher.
    - **Avantages** : Ces substances peuvent perturber le sommeil et entraîner des réveils nocturnes.
    - **Application** : Mangez léger le soir, limitez la caféine après midi et réduisez la consommation d'alcool.

5. **Pratiquer des Techniques de Relaxation**
    - **Action** : Intégrez des techniques de relaxation dans votre routine du soir.
    - **Avantages** : Réduire le stress et l'anxiété favorise un endormissement plus rapide et un sommeil plus profond.

- ◦ **Application** : Essayez des exercices de respiration profonde, la méditation de pleine conscience ou des étirements doux avant de vous coucher.

Conclusion

La gestion du sommeil est essentielle pour maîtriser votre énergie et votre santé. En comprenant l'importance du sommeil, les conséquences d'un manque de sommeil et en adoptant des stratégies pour améliorer la qualité et la quantité de votre sommeil, vous pouvez optimiser votre bien-être physique et mental. Une bonne hygiène de sommeil vous permet non seulement de mieux gérer votre énergie quotidienne, mais aussi de vivre une vie plus équilibrée et épanouissante. En mettant en pratique ces conseils, vous pourrez bénéficier d'un sommeil réparateur et ainsi améliorer votre qualité de vie globale.

Chapitre 8 : La Communication Efficace

8.1 Écoute Active

L'écoute active est une compétence essentielle pour une communication efficace. Elle permet non seulement de mieux comprendre les autres, mais aussi de créer des relations plus profondes et significatives. Ce sous-chapitre explore les principes de l'écoute active, ses bénéfices, et fournit des techniques pratiques pour améliorer cette compétence cruciale.

Principes de l'Écoute Active

1. **Attention Complète**
   - **Description** : Accorder une attention totale à l'interlocuteur, en se concentrant pleinement sur ce qu'il dit sans se laisser distraire par d'autres pensées ou activités.
   - **Application** : Mettre de côté les distractions comme les téléphones portables, éviter de penser à la réponse pendant que l'autre parle.

2. **Empathie**
   - **Description** : Essayer de comprendre les sentiments et les perspectives de l'interlocuteur en se mettant à sa place.
   - **Application** : Reconnaître les émotions de l'autre et montrer de la compréhension par des gestes, des expressions faciales et des commentaires appropriés.

3. **Non-Jugement**
   - **Description** : Écouter sans porter de jugement, sans critiquer ou interrompre.
   - **Application** : Accueillir les paroles de

l'interlocuteur avec un esprit ouvert, en acceptant ses opinions et ses sentiments, même s'ils diffèrent des nôtres.

4. **Feedback**
     ◦ **Description** : Fournir des retours qui montrent à l'interlocuteur que vous l'écoutez et comprenez ce qu'il dit.
     ◦ **Application** : Utiliser des reformulations, poser des questions clarificatrices et résumer les points principaux pour confirmer la compréhension.

Bénéfices de l'Écoute Active

1. **Amélioration des Relations**
     ◦ **Description** : L'écoute active renforce les relations en montrant aux autres que vous les valorisez et respectez leurs opinions.
     ◦ **Avantages** : Crée un climat de confiance, favorise une communication ouverte et honnête.
2. **Résolution de Conflits**
     ◦ **Description** : En écoutant activement, les malentendus peuvent être clarifiés et les conflits résolus de manière constructive.
     ◦ **Avantages** : Réduit les tensions, encourage les solutions collaboratives et améliore la satisfaction mutuelle.
3. **Accroissement de la Compréhension**
     ◦ **Description** : Une écoute attentive permet de mieux comprendre les besoins, les attentes et les préoccupations des autres.
     ◦ **Avantages** : Facilite la prise de décisions éclairées, améliore la collaboration et la coopération.

4. **Renforcement de la Confiance en Soi**
    - **Description** : En écoutant activement, vous montrez de la considération pour les autres, ce qui peut renforcer leur confiance en eux et leur estime de soi.
    - **Avantages** : Encourage la participation, stimule la motivation et la créativité.

Techniques Pratiques pour l'Écoute Active

1. **Contact Visuel**
    - **Action** : Maintenir un contact visuel approprié pour montrer votre intérêt et votre engagement.
    - **Application** : Regarder l'interlocuteur dans les yeux, sans fixer de manière intimidante, et cligner des yeux naturellement.

2. **Indices Non Verbaux**
    - **Action** : Utiliser des gestes et des expressions faciales pour montrer que vous écoutez.
    - **Application** : Hocher la tête, sourire, et adopter une posture ouverte et réceptive.

3. **Réponses Verbales**
    - **Action** : Donner des réponses verbales qui encouragent l'interlocuteur à continuer à parler.
    - **Application** : Utiliser des phrases comme "Je vois", "D'accord", "Continuez", ou des reformulations telles que "Si je comprends bien, vous dites que...".

4. **Poser des Questions**
    - **Action** : Poser des questions ouvertes qui incitent l'interlocuteur à développer ses idées.
    - **Application** : Utiliser des questions comme "Comment vous sentez-vous à ce sujet ?" ou "Pouvez-

vous en dire plus sur... ?".

5. **Reformulation**

   - **Action** : Reformuler les paroles de l'interlocuteur pour montrer que vous avez bien compris.
   - **Application** : Dire "Ce que je vous entends dire, c'est que..." ou "Si je vous ai bien compris, vous pensez que...".

6. **Silence**

   - **Action** : Utiliser le silence pour permettre à l'interlocuteur de réfléchir et de s'exprimer pleinement.
   - **Application** : Éviter de remplir chaque pause avec des paroles, permettre des moments de réflexion.

Conclusion

L'écoute active est une compétence fondamentale pour une communication efficace. En comprenant ses principes, en reconnaissant ses bénéfices, et en adoptant des techniques pratiques, vous pouvez améliorer vos interactions avec les autres et renforcer vos relations personnelles et professionnelles. L'écoute active favorise la compréhension mutuelle, la résolution de conflits et la création d'un environnement de communication ouvert et respectueux. En pratiquant régulièrement ces techniques, vous deviendrez un communicateur plus efficace et empathique, capable de connecter avec les autres de manière authentique et significative.

8.2 Techniques de Communication

Une communication efficace repose sur l'utilisation de techniques spécifiques qui permettent de transmettre clairement des messages, d'éviter les malentendus et de renforcer les relations interpersonnelles. Ce sous-chapitre explore diverses techniques de communication, leurs applications pratiques et les bénéfices qu'elles apportent.

La Clarté et la Concision

1. **Formuler des Messages Clairs**
   - **Description** : S'exprimer de manière simple et directe, en utilisant un langage compréhensible par tous.
   - **Application** : Éviter les termes techniques ou jargon, structurer les phrases pour qu'elles soient facilement compréhensibles.
   - **Exemple** : Au lieu de dire "Nous devons maximiser l'efficience opérationnelle", dire "Nous devons rendre nos opérations plus efficaces".

2. **Être Concis**
   - **Description** : Aller droit au but sans s'éterniser sur des détails superflus.
   - **Application** : Faire des phrases courtes et précises, ne pas surcharger le message d'informations non essentielles.
   - **Exemple** : Au lieu de raconter tout le processus en détail, se concentrer sur les points clés : "Le projet est sur la bonne voie, mais il manque des ressources."

L'Utilisation du Langage Non Verbal

1. **Expressions Faciales**
   - **Description** : Utiliser les expressions du visage pour montrer l'émotion et l'engagement.
   - **Application** : Sourire pour montrer de la convivialité, froncer les sourcils pour exprimer la réflexion ou l'inquiétude.
   - **Exemple** : Lors d'une discussion positive, un sourire encourageant peut renforcer le message.

2. **Gestes et Posture**
   - **Description** : Utiliser les gestes et une posture ouverte pour accompagner les mots.
   - **Application** : Utiliser les mains pour illustrer les points, adopter une posture ouverte (éviter de croiser les bras).
   - **Exemple** : En expliquant une idée, des gestes ouverts et amples peuvent aider à mieux capter l'attention.

3. **Contact Visuel**
   - **Description** : Maintenir un contact visuel pour montrer l'attention et l'intérêt.
   - **Application** : Regarder l'interlocuteur dans les yeux, éviter de fixer ou de détourner constamment le regard.
   - **Exemple** : Lors d'une réunion, maintenir un contact visuel montre que vous êtes engagé dans la conversation.

Techniques de Feedback

1. **Feedback Constructif**
   - **Description** : Fournir des retours qui sont à la fois positifs et orientés vers l'amélioration.
   - **Application** : Souligner ce qui a été bien fait avant

de suggérer des améliorations.

- **Exemple** : "Ton rapport était très détaillé et bien structuré. La prochaine fois, essaie d'inclure plus de données chiffrées pour soutenir tes arguments."

2. **Feedback Immédiat**
   - **Description** : Donner des retours dès que possible après l'événement ou l'action concernée.
   - **Application** : Ne pas attendre trop longtemps pour donner un feedback, afin que les événements soient encore frais dans la mémoire.
   - **Exemple** : Après une présentation, donner des retours immédiats : "J'ai aimé ta présentation aujourd'hui, surtout la partie sur..."

Techniques de Questionnement

1. **Questions Ouvertes**
   - **Description** : Poser des questions qui encouragent des réponses détaillées et réfléchies.
   - **Application** : Utiliser des questions qui commencent par "quoi", "comment", "pourquoi".
   - **Exemple** : "Comment pensez-vous que nous pourrions améliorer ce processus ?"

2. **Questions Fermées**
   - **Description** : Poser des questions qui appellent des réponses courtes et spécifiques.
   - **Application** : Utiliser des questions fermées pour obtenir des informations précises ou pour valider un point.
   - **Exemple** : "Avez-vous terminé le rapport ?"

Techniques d'Affirmation

1. **Messages "Je"**
   - ◦ **Description** : Utiliser des messages "je" pour exprimer ses propres sentiments et besoins sans blâmer l'autre.
   - ◦ **Application** : Formuler les phrases de manière à se concentrer sur son propre ressenti plutôt que d'accuser.
   - ◦ **Exemple** : "Je me sens préoccupé lorsque les échéances ne sont pas respectées car cela affecte notre planning."

2. **Affirmation et Assertivité**
   - ◦ **Description** : Exprimer ses opinions et besoins de manière claire et directe, sans être agressif.
   - ◦ **Application** : Énoncer clairement ce que vous voulez ou ne voulez pas, en respectant les opinions des autres.
   - ◦ **Exemple** : "Je préférerais que nous discutions de cela après la réunion pour ne pas perturber le déroulement."

Conclusion

Les techniques de communication sont des outils puissants pour améliorer la clarté, l'efficacité et la qualité des interactions. En utilisant des méthodes comme la clarté et la concision, le langage non verbal, le feedback constructif, le questionnement adéquat, et l'affirmation, vous pouvez vous assurer que vos messages sont bien compris et que les échanges sont productifs. Maîtriser ces techniques permet de renforcer les relations interpersonnelles, de résoudre les conflits plus facilement et de créer un environnement de communication ouvert et respectueux. Adopter ces pratiques dans votre quotidien professionnel et personnel vous aidera à devenir un communicateur plus efficace et influent.

8.3 Gérer les Conflits

Les conflits sont inévitables dans toute interaction humaine, mais savoir les gérer efficacement est essentiel pour maintenir des relations saines et productives. Ce sous-chapitre explore des techniques pratiques pour gérer les conflits, en mettant l'accent sur la communication, la compréhension mutuelle et la recherche de solutions constructives.

Comprendre les Sources de Conflit

1. **Différences de Valeurs et de Croyances**
   - **Description** : Les conflits peuvent souvent découler de divergences fondamentales dans les valeurs, les croyances et les priorités.
   - **Application** : Reconnaître et respecter les perspectives différentes tout en cherchant des points communs.
   - **Exemple** : Lors d'une discussion sur une politique d'entreprise, comprendre que des opinions divergentes peuvent être basées sur des valeurs personnelles différentes.

2. **Problèmes de Communication**
   - **Description** : Les malentendus et les échecs de communication peuvent facilement engendrer des conflits.
   - **Application** : Clarifier les messages, poser des questions pour éviter les malentendus et reformuler pour confirmer la compréhension.
   - **Exemple** : Si une instruction n'est pas claire, demander des précisions pour éviter des erreurs d'exécution.

3. **Ressources Limitées**
   - **Description** : Les conflits surviennent souvent lorsqu'il y a une compétition pour des ressources limitées comme le temps, l'argent ou l'attention.
   - **Application** : Trouver des moyens de répartir équitablement les ressources et d'explorer des solutions créatives pour répondre aux besoins de chacun.
   - **Exemple** : Dans une équipe, répartir équitablement les tâches et les ressources pour éviter les sentiments d'injustice.

Techniques de Gestion de Conflit

1. **Écoute Active**
   - **Description** : Pratiquer l'écoute active pour comprendre pleinement la perspective de l'autre partie.
   - **Application** : Accorder une attention totale à l'interlocuteur, reformuler ses paroles pour confirmer la compréhension et montrer de l'empathie.
   - **Exemple** : Lors d'un conflit sur un projet, écouter les préoccupations de chaque membre et reformuler pour s'assurer que tout le monde se sent entendu.

2. **Communication Non Violente (CNV)**
   - **Description** : Utiliser la CNV pour exprimer ses besoins et émotions sans accuser l'autre.
   - **Application** : Suivre le modèle CNV : observations, sentiments, besoins et demandes.
   - **Exemple** : "Quand je vois que le rapport est en retard (observation), je me sens stressé (sentiment)

parce que j'ai besoin de respecter les échéances (besoin). Pourrais-tu m'informer à l'avance si tu as des retards (demande) ?"

3. **Recherche de Solutions Gagnant-Gagnant**
   - **Description** : Viser des solutions où toutes les parties bénéficient, plutôt que des compromis qui laissent les parties insatisfaites.
   - **Application** : Explorer les intérêts sous-jacents de chaque partie et co-créer des solutions qui répondent à ces intérêts.
   - **Exemple** : Si deux départements se disputent les ressources, trouver une solution qui permet à chacun d'atteindre ses objectifs sans pénaliser l'autre.

4. **Médiation**
   - **Description** : Utiliser un tiers neutre pour faciliter la résolution du conflit.
   - **Application** : Faire appel à un médiateur pour guider les discussions et aider à trouver un terrain d'entente.
   - **Exemple** : Lors d'un conflit persistant entre collègues, inviter un médiateur pour faciliter une discussion constructive.

5. **Gestion des Émotions**
   - **Description** : Reconnaître et gérer ses propres émotions pour éviter qu'elles n'intensifient le conflit.
   - **Application** : Prendre des pauses pour se calmer, utiliser des techniques de relaxation et exprimer ses émotions de manière constructive.
   - **Exemple** : Si une discussion devient trop émotive, proposer de faire une pause et de revenir plus tard pour poursuivre calmement.

Stratégies pour Prévenir les Conflits

1. **Clarté des Rôles et Responsabilités**
   - **Description** : Assurer que les rôles et responsabilités de chacun sont clairement définis pour éviter les chevauchements et les malentendus.
   - **Application** : Établir des descriptions de poste claires, des attentes précises et des lignes de communication ouvertes.
   - **Exemple** : Organiser des réunions régulières pour clarifier les rôles et ajuster les responsabilités en fonction des besoins.

2. **Création d'un Environnement Respectueux**
   - **Description** : Favoriser une culture de respect et de coopération pour minimiser les sources de conflit.
   - **Application** : Promouvoir des comportements respectueux, valoriser la diversité des opinions et encourager la collaboration.
   - **Exemple** : Mettre en place des politiques de respect mutuel et organiser des formations sur la diversité et l'inclusion.

3. **Communication Ouverte et Honnête**
   - **Description** : Encourager une communication ouverte pour que les problèmes puissent être discutés et résolus avant qu'ils ne dégénèrent.
   - **Application** : Créer des canaux de communication où chacun se sent libre de s'exprimer sans crainte de répercussions.
   - **Exemple** : Instituer des réunions d'équipe régulières où les membres peuvent exprimer leurs préoccupations et suggestions.

Conclusion

Gérer les conflits de manière efficace est une compétence essentielle pour maintenir des relations saines et productives. En comprenant les sources de conflit, en adoptant des techniques de gestion appropriées, et en mettant en place des stratégies préventives, vous pouvez transformer les conflits en opportunités de croissance et de collaboration. La maîtrise de l'écoute active, de la communication non violente, et de la recherche de solutions gagnant-gagnant, ainsi que la gestion des émotions et la médiation, vous permettront de naviguer à travers les conflits avec compétence et assurance. En favorisant un environnement de respect mutuel et de communication ouverte, vous contribuez à créer une culture d'harmonie et de coopération.

Chapitre 9 : Le Réseau et les Relations
9.1 Construire un Réseau Solide

Dans le monde professionnel comme dans la vie personnelle, un réseau solide est un atout précieux. Avoir des connexions fiables et influentes peut ouvrir des portes, offrir du soutien, et fournir des opportunités uniques. Ce sous-chapitre explore les stratégies et les meilleures pratiques pour construire et entretenir un réseau robuste et significatif.

L'Importance d'un Réseau Solide

1. **Accès aux Opportunités**
   - **Description** : Un réseau bien établi peut vous donner accès à des opportunités professionnelles et personnelles que vous n'auriez pas découvertes autrement.
   - **Application** : Participer à des événements, des conférences et des réunions pour rencontrer de nouvelles personnes et découvrir des opportunités.
   - **Exemple** : Obtenir une offre d'emploi grâce à une recommandation d'un contact professionnel.

2. **Soutien et Mentorat**
   - **Description** : Avoir des mentors et des pairs de confiance dans votre réseau peut fournir des conseils, des retours et du soutien.
   - **Application** : Identifier et se connecter avec des personnes plus expérimentées ou des pairs partageant les mêmes intérêts pour un soutien mutuel.
   - **Exemple** : Recevoir des conseils précieux d'un mentor sur la gestion de carrière.

3. **Échanges de Connaissances et de Ressources**
    - **Description** : Un bon réseau permet l'échange de connaissances, d'idées et de ressources qui peuvent être bénéfiques pour tous les membres.
    - **Application** : Participer activement aux discussions et partager vos propres connaissances et ressources.
    - **Exemple** : Apprendre une nouvelle compétence ou découvrir une ressource utile grâce à une connexion.

Stratégies pour Construire un Réseau Solide

1. **Participer à des Événements et des Rencontres**
    - **Description** : Les événements professionnels, les conférences et les rencontres sont des occasions idéales pour élargir votre réseau.
    - **Application** : Assister régulièrement à ces événements et y participer activement.
    - **Exemple** : Réseauter lors d'une conférence de l'industrie pour rencontrer des experts et des collègues.
2. **Utiliser les Réseaux Sociaux Professionnels**
    - **Description** : Les plateformes comme LinkedIn sont des outils puissants pour construire et maintenir des relations professionnelles.
    - **Application** : Créer et maintenir un profil professionnel attractif, se connecter avec des collègues et des leaders de l'industrie, et participer aux discussions.
    - **Exemple** : Se connecter avec un ancien collègue sur LinkedIn et découvrir une opportunité d'emploi via leur réseau.
3. **Rejoindre des Groupes et des Associations**

- ○ **Description** : De nombreuses professions et intérêts ont des groupes et des associations spécifiques où vous pouvez rencontrer des personnes partageant les mêmes idées.
- ○ **Application** : Devenir membre actif de ces groupes et associations, participer aux événements et contribuer aux discussions.
- ○ **Exemple** : Rejoindre une association professionnelle locale et participer à leurs ateliers et réunions.

4. **Être Proactif et Approchable**

- ○ **Description** : La proactivité et l'ouverture sont essentielles pour établir des connexions. Ne pas attendre que les opportunités de réseau viennent à vous.
- ○ **Application** : Prendre l'initiative de présenter des personnes, demander des réunions et proposer de l'aide.
- ○ **Exemple** : Envoyer un message de suivi après avoir rencontré quelqu'un lors d'un événement pour organiser une rencontre individuelle.

Entretenir et Cultiver son Réseau

1. **Suivi et Engagement Régulier**

- ○ **Description** : Un réseau nécessite un entretien constant. Le suivi et l'engagement régulier sont essentiels pour maintenir des relations solides.
- ○ **Application** : Envoyer des messages de suivi, partager des articles intéressants, et célébrer les succès des autres.
- ○ **Exemple** : Envoyer un email de félicitations à un

contact pour une nouvelle promotion.

2. **Offrir de la Valeur**
   - **Description** : Un réseau florissant repose sur l'échange mutuel de valeurs. Offrir votre aide et vos compétences peut renforcer les relations.
   - **Application** : Proposer votre aide, partager vos connaissances et connecter des personnes de votre réseau entre elles.
   - **Exemple** : Aider un contact à résoudre un problème ou le présenter à quelqu'un qui pourrait être utile pour lui.

3. **Personnalisation des Interactions**
   - **Description** : Personnaliser vos interactions montre que vous vous souciez véritablement de la relation.
   - **Application** : Adapter vos messages et interactions en fonction des intérêts et des besoins spécifiques de chaque contact.
   - **Exemple** : Envoyer un article ou une ressource spécifique qui intéressera particulièrement un contact.

4. **Participer Activement aux Communautés**
   - **Description** : Être un membre actif de diverses communautés professionnelles et sociales renforce votre présence et votre influence.
   - **Application** : Contribuer aux discussions, organiser des événements et être un participant régulier.
   - **Exemple** : Animer un atelier ou un webinaire pour partager vos connaissances avec la communauté.

Conclusion

Construire un réseau solide est une tâche continue et proactive qui nécessite du temps, de l'engagement et de la sincérité. En participant activement à des événements, en utilisant les réseaux sociaux professionnels, en rejoignant des groupes et en offrant de la valeur à vos connexions, vous pouvez créer un réseau riche et utile. Entretenir ce réseau par un suivi régulier, des interactions personnalisées et une contribution active garantit que ces relations restent fortes et bénéfiques pour toutes les parties impliquées. Un réseau solide peut non seulement ouvrir des portes mais aussi offrir un soutien et des ressources précieuses tout au long de votre vie professionnelle et personnelle.

9.2 Entretenir les Relations

Construire un réseau solide est la première étape, mais l'entretenir est tout aussi crucial pour garantir des relations durables et bénéfiques. Entretenir des relations demande du temps, de l'effort et une approche authentique. Ce sous-chapitre explore les meilleures pratiques pour maintenir et renforcer vos connexions professionnelles et personnelles.

L'Importance de l'Entretien des Relations

1. **Renforcer la Confiance et la Fiabilité**
   - **Description** : La confiance et la fiabilité sont les pierres angulaires de toute relation solide. Entretenir les relations permet de renforcer ces éléments essentiels.
   - **Application** : Soyez constant dans vos actions et vos communications. Tenez vos promesses et faites preuve d'intégrité.
   - **Exemple** : Suivre régulièrement avec vos contacts, respecter les engagements pris et offrir de l'aide lorsque nécessaire.

2. **Favoriser les Opportunités Futures**
   - **Description** : Les relations bien entretenues peuvent conduire à de nouvelles opportunités professionnelles et personnelles.
   - **Application** : Restez en contact avec vos connexions, même lorsque vous n'avez pas de besoin immédiat. Les opportunités peuvent surgir de manière inattendue.
   - **Exemple** : Un ancien collègue pourrait vous recommander pour une nouvelle opportunité de carrière parce que vous avez maintenu une relation

positive.

3. **Créer une Réputation Positive**
   - **Description** : Être reconnu comme quelqu'un qui entretient bien ses relations peut renforcer votre réputation dans votre domaine.
   - **Application** : Soyez proactif, attentionné et respectueux dans toutes vos interactions.
   - **Exemple** : Devenir connu pour être un professionnel fiable et attentionné peut attirer de nouvelles connexions vers vous.

Stratégies pour Entretenir les Relations

1. **Communiquer Régulièrement**
   - **Description** : La communication régulière est essentielle pour maintenir des relations fortes.
   - **Application** : Envoyez des messages occasionnels pour prendre des nouvelles, partager des mises à jour ou offrir des félicitations.
   - **Exemple** : Envoyer un email de suivi après une réunion ou une mise à jour trimestrielle sur votre travail ou vos projets.

2. **Montrer de l'Intérêt et de l'Empathie**
   - **Description** : Montrer un intérêt sincère et de l'empathie pour les autres renforce les liens personnels et professionnels.
   - **Application** : Posez des questions sur leurs projets, leurs défis et leurs réussites. Montrez que vous vous souciez vraiment de leur bien-être.
   - **Exemple** : Envoyer un message de félicitations pour une promotion ou un accomplissement personnel.

3. **Offrir de la Valeur de Manière Continue**

- ◦ **Description** : Offrir régulièrement de la valeur à vos relations montre votre engagement et votre souci de l'autre.
- ◦ **Application** : Partagez des ressources utiles, offrez votre aide et connectez-les avec d'autres personnes pertinentes.
- ◦ **Exemple** : Partager un article intéressant ou une opportunité de formation qui pourrait bénéficier à un contact.

4. **Organiser des Rencontres et des Événements**
   - ◦ **Description** : Organiser des rencontres et des événements est une excellente façon de maintenir le contact et de renforcer les relations.
   - ◦ **Application** : Planifiez des déjeuners, des cafés ou des événements de réseautage informels pour rester connecté.
   - ◦ **Exemple** : Organiser une rencontre trimestrielle pour discuter des tendances de l'industrie et partager des idées.

Techniques pour un Suivi Efficace

1. **Utiliser des Outils de Gestion de Réseau**
   - ◦ **Description** : Utiliser des outils comme les CRM (Customer Relationship Management) peut aider à suivre vos interactions et à planifier des suivis.
   - ◦ **Application** : Enregistrez des notes sur vos contacts, définissez des rappels pour le suivi et organisez vos relations.
   - ◦ **Exemple** : Utiliser un CRM pour noter les points de discussion de votre dernière rencontre et planifier un

suivi dans quelques mois.

2. **Personnaliser les Interactions**
    - **Description** : La personnalisation montre que vous vous souciez réellement de la personne et renforce la relation.
    - **Application** : Référez-vous à des conversations passées et montrez que vous vous souvenez des détails importants.
    - **Exemple** : Mentionner une discussion précédente ou un intérêt personnel lors de vos communications de suivi.

3. **Être Réactif et Disponible**
    - **Description** : Répondre rapidement et être disponible montre votre engagement à entretenir la relation.
    - **Application** : Répondez aux messages en temps opportun et montrez-vous disponible pour des discussions ou des rencontres.
    - **Exemple** : Répondre rapidement à un email ou à une demande de réunion.

Créer des Relations Mutuellement Bénéfiques

1. **Favoriser l'Échange de Valeur**
    - **Description** : Les relations les plus solides sont celles où il y a un échange de valeur mutuel.
    - **Application** : Cherchez des moyens de bénéficier mutuellement de la relation en offrant votre aide et en acceptant celle des autres.
    - **Exemple** : Proposer de collaborer sur un projet où les compétences de chacun peuvent se compléter.

2. **Reconnaître et Apprécier les Contributions**

- ○ **Description** : La reconnaissance et l'appréciation renforcent les relations et encouragent les interactions futures.
- ○ **Application** : Remerciez vos contacts pour leur aide, leurs conseils et leur soutien.
- ○ **Exemple** : Envoyer une note de remerciement après qu'un contact vous a aidé avec une recommandation ou un conseil.

3. **Développer des Relations à Long Terme**
   - ○ **Description** : Construire des relations à long terme est plus bénéfique que de simplement accumuler des contacts.
   - ○ **Application** : Investissez du temps et des efforts dans les relations que vous souhaitez maintenir sur le long terme.
   - ○ **Exemple** : Prendre le temps de connaître vos contacts personnellement et professionnellement pour développer une relation durable.

Conclusion

Entretenir les relations est un processus continu qui nécessite de la communication, de l'engagement et une approche authentique. En communiquant régulièrement, en montrant de l'intérêt et de l'empathie, en offrant de la valeur continue et en organisant des rencontres, vous pouvez renforcer et maintenir des relations solides. Utiliser des outils de gestion, personnaliser les interactions et être réactif et disponible sont des techniques efficaces pour un suivi réussi. En favorisant des échanges mutuellement bénéfiques et en reconnaissant les contributions des autres, vous développez des relations durables et significatives qui peuvent vous offrir des opportunités, du soutien et des ressources précieuses tout au long de votre carrière et de votre vie personnelle

9.3 L'Importance du Mentorat

Le mentorat est un élément clé pour le développement professionnel et personnel. Avoir un mentor peut fournir des conseils, des perspectives et des opportunités précieuses pour favoriser la croissance et le succès. Ce sous-chapitre explore pourquoi le mentorat est important et comment en bénéficier pleinement.

Les Avantages du Mentorat

1. **Guidance et Conseils**
   - **Description** : Les mentors offrent une guidance précieuse basée sur leur propre expérience et expertise.
   - **Application** : Recevoir des conseils sur des défis professionnels, des décisions de carrière et des objectifs personnels.
   - **Exemple** : Un mentor peut offrir des conseils sur la manière de progresser dans votre carrière ou de surmonter des obstacles spécifiques.

2. **Développement Professionnel**
   - **Description** : Les mentors aident à identifier les domaines de développement et à créer des plans d'action pour progresser.
   - **Application** : Recevoir des conseils sur les compétences à développer, les formations à suivre et les opportunités de croissance.
   - **Exemple** : Un mentor peut recommander des livres, des cours en ligne ou des séminaires pour améliorer vos compétences.

3. **Réseautage et Opportunités**
   - **Description** : Les mentors peuvent ouvrir des portes

et fournir des opportunités de réseautage et de carrière.

- **Application** : Être introduit à des contacts clés, des événements professionnels et des opportunités de travail.
- **Exemple** : Un mentor peut vous recommander pour des projets spéciaux ou des promotions internes.

Comment Trouver et Choisir un Mentor

1. **Identifier ses Objectifs et Besoins**
   - **Description** : Identifiez les domaines où vous avez besoin de conseils et de soutien.
   - **Application** : Réfléchissez à vos objectifs professionnels et personnels et identifiez les domaines où un mentor pourrait vous aider.
   - **Exemple** : Vous pourriez avoir besoin de conseils sur la gestion du temps, le développement des compétences de leadership ou la planification de carrière.

2. **Rechercher des Mentors Potentiels**
   - **Description** : Identifiez des personnes ayant une expertise et une expérience dans les domaines qui vous intéressent.
   - **Application** : Recherchez des mentors potentiels dans votre réseau professionnel, dans votre entreprise ou dans des associations professionnelles.
   - **Exemple** : Identifiez des personnes qui occupent des postes que vous admirez ou qui ont réalisé des réussites similaires à celles que vous visez.

3. **Établir une Relation**
   - **Description** : Établissez une relation avec le mentor

potentiel en exprimant votre intérêt et en sollicitant leur aide.

- ◦ **Application** : Envoyez un email ou un message expliquant votre intérêt pour leur expertise et en demandant un rendez-vous pour discuter de la possibilité d'un mentorat.
- ◦ **Exemple** : Demandez à rencontrer le mentor potentiel pour discuter de vos objectifs et de la manière dont ils pourraient vous aider.

Les Clés d'un Mentorat Réussi

1. **Communication Ouverte et Honnête**
   - ◦ **Description** : Une communication ouverte et honnête est essentielle pour un mentorat efficace.
   - ◦ **Application** : Partagez ouvertement vos objectifs, vos défis et vos questions avec votre mentor.
   - ◦ **Exemple** : Discutez ouvertement des problèmes que vous rencontrez au travail ou des décisions de carrière que vous devez prendre.

2. **Écoute Active**
   - ◦ **Description** : Écouter activement les conseils et les perspectives du mentor est essentiel pour en tirer le meilleur parti.
   - ◦ **Application** : Soyez attentif lors des discussions avec votre mentor et posez des questions pour clarifier les points qui vous intéressent.
   - ◦ **Exemple** : Écoutez attentivement les conseils du mentor sur la manière de gérer une situation difficile avec un collègue.

3. **Mise en Pratique des Conseils**
   - ◦ **Description** : Mettez en pratique les conseils et les

recommandations du mentor pour réaliser des progrès.

- ◦ **Application** : Appliquez les stratégies et les suggestions discutées avec votre mentor dans votre travail quotidien et vos interactions professionnelles.
- ◦ **Exemple** : Mettez en œuvre les techniques de gestion du temps recommandées par votre mentor pour améliorer votre productivité.

Conclusion

Le mentorat est un outil puissant pour favoriser le développement professionnel et personnel. En offrant guidance, conseils et opportunités, les mentors peuvent jouer un rôle crucial dans la réussite d'un individu. En identifiant les besoins, en recherchant des mentors potentiels, en établissant des relations et en mettant en pratique les conseils reçus, chacun peut bénéficier pleinement du mentorat. Une communication ouverte, une écoute active et une mise en pratique des conseils sont les clés d'un mentorat réussi. En investissant dans le mentorat, vous investissez dans votre propre croissance et votre succès à long terme.

Chapitre 10 : L'Autodiscipline et les Habitudes

10.1 Développer l'Autodiscipline

L'autodiscipline est une qualité essentielle pour atteindre le succès dans tous les domaines de la vie. Ce sous-chapitre explore les stratégies et les techniques pour développer et renforcer votre autodiscipline, vous permettant ainsi de prendre le contrôle de vos actions et de vos habitudes.

Comprendre l'Autodiscipline

1. **Définition de l'Autodiscipline**
   - **Description** : L'autodiscipline est la capacité à se contrôler et à agir selon ses objectifs et ses valeurs malgré les tentations et les distractions.
   - **Application** : Prenez conscience de vos impulsions et de vos habitudes actuelles pour identifier les domaines où vous avez besoin de plus d'autodiscipline.
   - **Exemple** : Résister à la tentation de procrastiner et se concentrer sur une tâche importante même lorsque vous êtes distrait.

2. **Importance de l'Autodiscipline**
   - **Description** : L'autodiscipline est la clé de la réussite dans tous les aspects de la vie, que ce soit sur le plan professionnel, personnel ou académique.
   - **Application** : Identifiez les domaines où l'autodiscipline peut vous aider à atteindre vos objectifs et à surmonter les obstacles.
   - **Exemple** : Maintenir une routine d'exercice

régulière malgré les excuses ou les obstacles qui se présentent.

Stratégies pour Développer l'Autodiscipline

1. **Fixer des Objectifs Clairs et Réalisables**
    - **Description** : Définissez des objectifs spécifiques et réalisables pour vous donner une direction claire et une motivation.
    - **Application** : Écrivez vos objectifs de manière précise et définissez des étapes réalisables pour les atteindre.
    - **Exemple** : Fixer l'objectif de lire un livre par mois et planifier des sessions de lecture régulières dans votre emploi du temps.

2. **Créer des Habitudes Positives**
    - **Description** : Développez des habitudes qui soutiennent vos objectifs et renforcent votre autodiscipline.
    - **Application** : Identifiez les comportements ou les routines qui vous aident à progresser vers vos objectifs et intégrez-les dans votre quotidien.
    - **Exemple** : Établir une routine matinale productive comprenant de l'exercice, de la méditation et de la planification de la journée.

3. **Pratiquer la Maîtrise de Soi**
    - **Description** : Apprenez à contrôler vos émotions, vos impulsions et vos comportements pour prendre des décisions réfléchies.
    - **Application** : Pratiquez la pleine conscience et la gestion du stress pour rester calme et concentré dans des situations difficiles.

- ◦ **Exemple** : Prendre une pause et respirer profondément avant de répondre à un email ou à une situation conflictuelle.

Surmonter les Obstacles à l'Autodiscipline

1. **Gérer la Procrastination**
   - ◦ **Description** : Identifiez les causes de la procrastination et mettez en place des stratégies pour y faire face.
   - ◦ **Application** : Utilisez des techniques de gestion du temps, comme la technique Pomodoro, pour diviser les tâches en périodes de travail concentré et de repos.
   - ◦ **Exemple** : Fixer une minuterie pendant 25 minutes de travail ininterrompu, suivie de 5 minutes de pause, pour maintenir la concentration et la motivation.

2. **Rester Motivé en Toutes Circonstances**
   - ◦ **Description** : Cultivez une motivation intrinsèque en vous concentrant sur vos valeurs, vos passions et vos objectifs à long terme.
   - ◦ **Application** : Visualisez votre succès futur et rappelez-vous régulièrement pourquoi vous avez commencé votre parcours.
   - ◦ **Exemple** : Créer un tableau de vision avec des images et des citations inspirantes pour vous rappeler vos objectifs et vos aspirations.

3. **Gérer les Distractions et les Tentations**
   - ◦ **Description** : Identifiez les distractions et les tentations qui entravent votre autodiscipline et trouvez des moyens de les éviter ou de les gérer.

- ○ **Application** : Éliminez les distractions de votre environnement de travail et utilisez des techniques de limitation de la tentation, comme la règle des 20 secondes.
- ○ **Exemple** : Désactiver les notifications sur votre téléphone pendant les heures de travail et garder des collations saines à portée de main pour éviter les tentations alimentaires.

Conclusion

L'autodiscipline est une compétence essentielle pour atteindre le succès et réaliser ses objectifs. En comprenant l'importance de l'autodiscipline, en développant des stratégies pour renforcer cette qualité et en surmontant les obstacles qui se présentent, vous pouvez prendre le contrôle de votre vie et accomplir ce que vous vous êtes fixé. En fixant des objectifs clairs, en créant des habitudes positives et en pratiquant la maîtrise de soi, vous pouvez progresser vers une vie plus épanouissante et productive.

10.2 Créer des Habitudes Positives

La création de bonnes habitudes est essentielle pour renforcer l'autodiscipline et atteindre ses objectifs. Ce sous-chapitre explore l'importance des habitudes positives et fournit des stratégies pratiques pour les développer et les maintenir efficacement.

Comprendre les Habitudes

1. **Nature des Habitudes**
   - **Description** : Les habitudes sont des comportements répétitifs qui sont souvent effectués automatiquement, sans nécessiter une pensée consciente.
   - **Application** : Identifiez les habitudes actuelles qui soutiennent ou entravent vos objectifs et votre bien-être.
   - **Exemple** : Se brosser les dents avant de se coucher est une habitude quotidienne commune.

2. **Impact des Habitudes**
   - **Description** : Les habitudes ont un impact significatif sur nos vies, influençant nos actions, nos émotions et nos résultats.
   - **Application** : Considérez comment vos habitudes actuelles affectent votre productivité, votre santé et votre bonheur.
   - **Exemple** : Une habitude de faire de l'exercice régulièrement peut améliorer votre santé physique et mentale.

Stratégies pour Créer des Habitudes Positives

1. **Identification des Habitudes Désirées**
   - **Description** : Identifiez les habitudes que vous souhaitez développer pour atteindre vos objectifs et améliorer votre vie.
   - **Application** : Identifiez les comportements spécifiques qui soutiendront vos objectifs et votre bien-être.
   - **Exemple** : Si votre objectif est d'améliorer votre productivité, une habitude désirée pourrait être de planifier votre journée chaque matin.

2. **Développement de la Routine**
   - **Description** : Créez une routine quotidienne qui intègre les nouvelles habitudes que vous souhaitez adopter.
   - **Application** : Planifiez des moments spécifiques dans votre journée pour pratiquer vos nouvelles habitudes.
   - **Exemple** : Si vous voulez méditer tous les jours, prévoyez 10 minutes le matin ou le soir pour vous asseoir en silence.

3. **Renforcement par la Répétition**
   - **Description** : Répétez régulièrement vos nouvelles habitudes pour les renforcer et les ancrer dans votre vie quotidienne.
   - **Application** : Soyez cohérent et persévérant dans la pratique de vos habitudes, même lorsque cela semble difficile.
   - **Exemple** : Même les jours où vous êtes occupé ou fatigué, prenez quelques minutes pour pratiquer vos nouvelles habitudes.

Surmonter les Obstacles à la Création d'Habitudes

1. **Gérer la Résistance au Changement**
   - **Description** : Acceptez que le changement puisse être difficile et soyez prêt à surmonter la résistance initiale.
   - **Application** : Identifiez les croyances ou les peurs qui vous retiennent et remplacez-les par des pensées positives et motivantes.
   - **Exemple** : Au lieu de craindre l'inconnu, concentrez-vous sur les bénéfices positifs que vous obtiendrez en adoptant de nouvelles habitudes.

2. **Éliminer les Obstacles**
   - **Description** : Identifiez les obstacles potentiels qui pourraient entraver vos nouvelles habitudes et trouvez des moyens de les contourner.
   - **Application** : Créez un environnement favorable à la pratique de vos habitudes en éliminant les distractions et en facilitant leur exécution.
   - **Exemple** : Si vous voulez lire plus souvent, gardez un livre à portée de main et réservez un endroit calme où vous pouvez vous concentrer.

3. **Recevoir un Soutien**
   - **Description** : Cherchez le soutien de votre famille, de vos amis ou d'une communauté pour vous encourager dans vos efforts.
   - **Application** : Partagez vos objectifs et vos progrès avec d'autres personnes et demandez leur soutien et leurs encouragements.
   - **Exemple** : Trouvez un partenaire de responsabilité avec qui vous pouvez partager vos objectifs et vos

défis, et vous encourager mutuellement.

Conclusion

La création de bonnes habitudes est un élément clé de l'autodiscipline et du succès. En identifiant les habitudes désirées, en développant une routine efficace et en renforçant ces comportements par la répétition, vous pouvez intégrer des habitudes positives dans votre vie quotidienne. En surmontant les obstacles et en recherchant le soutien nécessaire, vous pouvez transformer ces habitudes en actions durables qui vous aideront à atteindre vos objectifs et à vivre une vie épanouissante.

10.3 Éliminer les Mauvaises Habitudes

Dans ce sous-chapitre, nous aborderons l'importance de reconnaître, comprendre et éliminer les mauvaises habitudes afin de renforcer votre autodiscipline et d'atteindre vos objectifs de manière efficace.

Reconnaître les Mauvaises Habitudes

1. **Identification des Habitudes Nuisibles**
   - **Description** : Prenez conscience des habitudes qui ont un impact négatif sur votre vie, qu'il s'agisse de comportements malsains, de procrastination ou de distractions.
   - **Application** : Faites une liste des habitudes que vous aimeriez changer et évaluez leur impact sur votre bien-être global.
   - **Exemple** : Passer trop de temps sur les réseaux sociaux peut entraîner une perte de productivité et une détérioration de la santé mentale.

2. **Analyse des Causes Sous-jacentes**
   - **Description** : Explorez les raisons pour lesquelles vous avez développé ces mauvaises habitudes, comme le stress, l'ennui ou les influences sociales.
   - **Application** : Réfléchissez à ce qui déclenche vos comportements indésirables et identifiez les schémas sous-jacents.
   - **Exemple** : Vous pourriez avoir recours à la nourriture réconfortante en réponse au stress ou à l'anxiété.

Stratégies pour Éliminer les Mauvaises Habitudes

1. **Établissement d'Objectifs de Changement**
   - **Description** : Fixez-vous des objectifs spécifiques et réalistes pour éliminer vos mauvaises habitudes et remplacez-les par des comportements plus positifs.
   - **Application** : Définissez des étapes progressives pour modifier vos habitudes, en vous concentrant sur une à la fois.
   - **Exemple** : Si vous souhaitez arrêter de fumer, fixez-vous comme objectif de réduire progressivement votre consommation de cigarettes.

2. **Identification des Déclencheurs et des Alternatives**
   - **Description** : Identifiez les situations, les émotions ou les environnements qui déclenchent vos mauvaises habitudes et trouvez des solutions de rechange plus saines.
   - **Application** : Prévoyez des stratégies pour faire face aux situations à risque et adoptez des comportements alternatifs.
   - **Exemple** : Si vous avez l'habitude de grignoter lorsque vous vous ennuyez, trouvez des activités distrayantes ou des collations saines à portée de main.

3. **Renforcement Positif et Accountability**
   - **Description** : Récompensez-vous pour vos progrès dans l'élimination des mauvaises habitudes et recherchez le soutien de vos proches pour rester responsable.
   - **Application** : Célébrez chaque petite victoire et partagez vos objectifs avec des amis ou des membres de votre famille pour obtenir un soutien et des encouragements.

- ◦ **Exemple** : Offrez-vous une récompense après une semaine sans succomber à votre habitude nuisible, comme un moment de détente ou une activité que vous appréciez.

Surmonter les Obstacles à l'Élimination des Mauvaises Habitudes

1. **Gestion des Envies et des Rechutes**
   - ◦ **Description** : Préparez-vous à faire face aux envies et aux rechutes en développant des stratégies de résistance et en restant motivé malgré les revers.
   - ◦ **Application** : Utilisez des techniques de relaxation, de distraction ou de réorientation pour surmonter les moments de faiblesse.
   - ◦ **Exemple** : Remplacez la tentation de grignoter par une activité apaisante ou une pause méditative.
2. **Soutien Social et Accountability**
   - ◦ **Description** : Impliquez vos proches dans votre démarche d'élimination des mauvaises habitudes et cherchez le soutien de ceux qui vous entourent.
   - ◦ **Application** : Partagez vos objectifs avec votre cercle social et demandez-leur de vous encourager et de vous tenir responsable de vos engagements.
   - ◦ **Exemple** : Trouvez un partenaire d'entraînement ou un ami avec qui vous pouvez partager vos succès et vos défis, et qui peut vous aider à rester sur la bonne voie.

En éliminant progressivement vos mauvaises habitudes et en les remplaçant par des comportements plus positifs, vous renforcerez votre autodiscipline et vous vous rapprocherez de vos objectifs de vie. La clé réside dans la persévérance, la patience et le soutien de votre entourage pour surmonter les défis rencontrés sur le chemin du changement.

Chapitre 11 : La Gestion du Stress et de l'Équilibre Émotionnel

11.1 Techniques de Gestion du Stress

Dans ce sous-chapitre, nous explorerons diverses techniques de gestion du stress qui vous aideront à maintenir un équilibre émotionnel sain. Comprendre et appliquer ces méthodes est crucial pour améliorer votre qualité de vie et optimiser votre performance dans tous les domaines.

Comprendre le Stress

1. **Qu'est-ce que le Stress ?**
   - **Description** : Le stress est une réaction naturelle de notre corps face à des situations perçues comme menaçantes ou exigeantes. Il peut être aigu (ponctuel) ou chronique (à long terme).
   - **Impact** : Un stress chronique peut avoir des effets négatifs sur votre santé mentale et physique, tels que l'anxiété, la dépression, l'hypertension, et même des maladies cardiaques.
2. **Reconnaître les Signes du Stress**
   - **Physiques** : Fatigue, maux de tête, tensions musculaires, troubles du sommeil.
   - **Émotionnels** : Irritabilité, anxiété, sentiment de débordement.
   - **Comportementaux** : Procrastination, agitation, consommation excessive d'alcool ou de nourriture.

Techniques de Gestion du Stress

1. **La Respiration Profonde**

- ◦ **Description** : La respiration profonde est une technique simple mais efficace pour réduire le stress en augmentant l'apport en oxygène et en activant la réponse de relaxation du corps.
- ◦ **Application** : Prenez de profondes inspirations par le nez, laissez votre abdomen se gonfler, puis expirez lentement par la bouche. Répétez ce cycle plusieurs fois jusqu'à ce que vous ressentiez une détente.
- ◦ **Exemple** : Pratiquez cette technique pendant quelques minutes chaque matin pour commencer la journée avec calme et clarté.

2. **La Méditation**
   - ◦ **Description** : La méditation implique de concentrer votre attention et de calmer le flux de pensées. Elle aide à diminuer le stress et à améliorer la concentration.
   - ◦ **Application** : Asseyez-vous dans un endroit calme, fermez les yeux, et concentrez-vous sur votre respiration ou un mantra. Essayez de méditer pendant 10 à 20 minutes chaque jour.
   - ◦ **Exemple** : Utilisez des applications de méditation guidée pour débuter et trouver un rythme qui vous convient.

3. **L'Exercice Physique**
   - ◦ **Description** : L'activité physique augmente la production d'endorphines, des hormones du bien-être, et réduit les niveaux de cortisol, l'hormone du stress.
   - ◦ **Application** : Intégrez une routine d'exercice régulier, qu'il s'agisse de marche, de course, de yoga ou de toute autre activité physique que vous

appréciez.

- ◦ **Exemple** : Essayez de faire au moins 30 minutes d'exercice modéré cinq fois par semaine.

4. **La Gestion du Temps**
   - ◦ **Description** : Une bonne gestion du temps peut réduire le stress en vous aidant à organiser vos tâches et à éviter la procrastination.
   - ◦ **Application** : Utilisez des outils de planification comme les agendas ou les applications de gestion de tâches pour prioriser et planifier vos activités.
   - ◦ **Exemple** : Décomposez vos tâches en étapes plus petites et plus gérables, et fixez des échéances réalistes pour chaque étape.

5. **La Relaxation Musculaire Progressive**
   - ◦ **Description** : Cette technique consiste à contracter puis relâcher systématiquement chaque groupe musculaire du corps pour réduire les tensions physiques et mentales.
   - ◦ **Application** : Allongez-vous dans un endroit calme, fermez les yeux, et commencez par contracter les muscles de vos pieds pendant quelques secondes, puis relâchez. Remontez progressivement jusqu'à la tête.
   - ◦ **Exemple** : Pratiquez cette technique avant de vous coucher pour améliorer la qualité de votre sommeil.

6. **La Thérapie Cognitivo-Comportementale (TCC)**
   - ◦ **Description** : La TCC est une forme de thérapie qui aide à identifier et à modifier les pensées négatives et les comportements qui contribuent au stress.
   - ◦ **Application** : Consultez un thérapeute formé en

TCC pour apprendre des techniques spécifiques pour gérer vos pensées stressantes et développer des réponses plus adaptées.

- ○ **Exemple** : Utilisez des journaux de pensées pour suivre et reprogrammer vos schémas de pensée négatifs.

Intégrer les Techniques de Gestion du Stress dans la Vie Quotidienne

1. **Établir une Routine de Bien-être**
   - ○ **Description** : Intégrer régulièrement des techniques de gestion du stress dans votre vie quotidienne peut aider à prévenir le stress chronique.
   - ○ **Application** : Créez une routine quotidienne qui inclut des moments dédiés à la relaxation et à la récupération.
   - ○ **Exemple** : Consacrez 10 minutes chaque matin à la méditation, suivez une séance de relaxation musculaire progressive avant de dormir, et faites de l'exercice régulièrement.
2. **Maintenir un Équilibre**
   - ○ **Description** : Assurez-vous de trouver un équilibre entre le travail, les loisirs et les relations sociales pour maintenir une vie équilibrée et réduite en stress.
   - ○ **Application** : Planifiez du temps pour vous détendre et faire des activités que vous aimez, tout en gérant efficacement vos responsabilités.
   - ○ **Exemple** : Prenez des pauses régulières au travail, passez du temps de qualité avec vos proches, et engagez-vous dans des passe-temps relaxants.

En adoptant ces techniques de gestion du stress, vous pouvez non seulement améliorer votre bien-être émotionnel, mais aussi renforcer votre résilience face aux défis de la vie. Une approche proactive de la gestion du stress contribuera à votre réussite globale et à votre épanouissement personnel.

11.2 Méditation et Pleine Conscience

Dans ce sous-chapitre, nous explorerons les concepts de la méditation et de la pleine conscience, ainsi que leurs bienfaits pour la gestion du stress et l'équilibre émotionnel. Apprendre à intégrer ces pratiques dans votre vie quotidienne peut transformer votre bien-être mental et physique.

Comprendre la Méditation

1. **Définition de la Méditation**
   - **Description** : La méditation est une pratique mentale qui consiste à focaliser son attention et à éliminer les pensées parasites. Elle vise à atteindre un état de calme et de clarté mentale.
   - **Origines** : Ses racines se trouvent dans les traditions anciennes, notamment le bouddhisme, l'hindouisme et le taoïsme, mais elle est désormais adoptée dans de nombreuses cultures et religions.
2. **Types de Méditation**
   - **Méditation de Concentration** : Focalisation sur un seul point d'attention, comme la respiration, un mantra ou une flamme de bougie.
   - **Méditation de Pleine Conscience (Mindfulness)** : Observation des pensées, des sensations et des émotions sans jugement.
   - **Méditation de Compassion (Metta Bhavana)** : Génération de sentiments de bienveillance et de compassion envers soi-même et les autres.

Les Bienfaits de la Méditation

1. **Réduction du Stress**
   - **Description** : La méditation diminue les niveaux de cortisol, l'hormone du stress, et induit une réponse de relaxation.
   - **Études** : Des recherches ont montré que la méditation peut réduire les symptômes d'anxiété et de dépression.
2. **Amélioration de la Concentration et de l'Attention**
   - **Description** : Elle entraîne l'esprit à rester focalisé, ce qui améliore la capacité à se concentrer sur des tâches spécifiques.
   - **Exemple** : Les personnes qui méditent régulièrement montrent des améliorations dans les tests de mémoire et de concentration.
3. **Renforcement de la Résilience Émotionnelle**
   - **Description** : La méditation aide à développer une meilleure conscience de soi et à gérer plus efficacement les émotions difficiles.
   - **Application** : En pratiquant régulièrement, vous pouvez augmenter votre capacité à rester calme et équilibré dans des situations stressantes.

Pratiquer la Pleine Conscience (Mindfulness)

1. **Définition de la Pleine Conscience**
   - **Description** : La pleine conscience est l'art de porter attention de manière délibérée et sans jugement au moment présent.
   - **Principes** : Acceptation, curiosité et non-jugement sont au cœur de cette pratique.
2. **Techniques de Pleine Conscience**
   - **Observation des Sensations** : Portez attention aux

sensations physiques dans votre corps sans essayer de les modifier.

- ◦ **Observation des Pensées** : Remarquez les pensées qui traversent votre esprit sans vous y attacher ou les juger.
- ◦ **Observation des Émotions** : Reconnaissez vos émotions telles qu'elles sont, en acceptant leur présence sans réagir de manière automatique.

3. **Exercices de Pleine Conscience**

- ◦ **Scan Corporel** : Allongez-vous ou asseyez-vous confortablement, puis passez en revue chaque partie de votre corps en vous concentrant sur les sensations présentes.
- ◦ **Respiration Consciente** : Prenez quelques minutes pour vous concentrer uniquement sur votre respiration, en observant le mouvement de l'air entrant et sortant de vos poumons.
- ◦ **Méditation en Marchant** : Pratiquez la pleine conscience en marchant lentement, en portant attention à chaque pas et aux sensations dans vos pieds et vos jambes.

Intégrer la Méditation et la Pleine Conscience dans la Vie Quotidienne

1. **Établir une Routine de Méditation**

- ◦ **Description** : Commencez par des séances courtes de 5 à 10 minutes et augmentez progressivement la durée à mesure que vous devenez plus à l'aise.
- ◦ **Application** : Trouvez un moment régulier dans votre journée pour méditer, comme le matin au réveil ou le soir avant de dormir.

2. **Pratiquer la Pleine Conscience au Quotidien**
   - ◦ **Description** : Intégrez des moments de pleine conscience dans vos activités quotidiennes, comme manger, se brosser les dents ou écouter de la musique.
   - ◦ **Application** : Utilisez des rappels visuels ou des applications mobiles pour vous aider à rester conscient tout au long de la journée.

3. **Créer un Espace de Méditation**
   - ◦ **Description** : Dédié à votre pratique, un espace calme et exempt de distractions peut améliorer votre expérience de méditation.
   - ◦ **Application** : Aménagez un coin de votre maison avec des coussins, des bougies et des objets qui vous apaisent.

Surmonter les Obstacles à la Méditation et à la Pleine Conscience

1. **Faire Face à l'Agitation Mentale**
   - ◦ **Description** : Il est normal de ressentir de l'agitation mentale lors de la méditation, surtout au début.
   - ◦ **Stratégies** : Acceptez la présence des pensées sans vous y attacher, et ramenez doucement votre attention à votre point de focalisation.

2. **Maintenir la Motivation**
   - ◦ **Description** : La constance est clé pour bénéficier pleinement de la méditation et de la pleine conscience.
   - ◦ **Conseils** : Fixez des objectifs réalistes, rejoignez un groupe de méditation ou utilisez des applications de méditation pour rester engagé.

3. **Gérer les Attentes**
    - **Description** : Ne vous attendez pas à des résultats immédiats ; la méditation est un processus qui nécessite du temps et de la pratique.
    - **Perspective** : Considérez chaque session comme une opportunité de pratiquer, indépendamment des résultats immédiats.

En incorporant la méditation et la pleine conscience dans votre routine quotidienne, vous pouvez améliorer votre capacité à gérer le stress, à équilibrer vos émotions et à maintenir un état de bien-être général. Ces pratiques vous aideront à cultiver une vie plus calme, centrée et consciente, contribuant ainsi à votre réussite personnelle et professionnelle

11.3 Maintenir l'Équilibre Émotionnel

Dans ce sous-chapitre, nous allons explorer les stratégies pour maintenir un équilibre émotionnel sain, élément crucial pour une vie épanouie et réussie. L'équilibre émotionnel permet de mieux gérer les hauts et les bas de la vie, de prendre des décisions éclairées et de maintenir des relations harmonieuses.

Comprendre l'Équilibre Émotionnel

1. **Définition de l'Équilibre Émotionnel**
   - **Description** : L'équilibre émotionnel consiste à être en harmonie avec ses émotions, à les reconnaître et à les gérer de manière appropriée sans être submergé.
   - **Importance** : Un bon équilibre émotionnel favorise la résilience, la santé mentale et une meilleure qualité de vie.
2. **Facteurs Influant sur l'Équilibre Émotionnel**
   - **Stress et Pression** : Le stress chronique et les pressions de la vie peuvent déséquilibrer nos émotions.
   - **Relations Interpersonnelles** : Les relations toxiques ou conflictuelles affectent notre bien-être émotionnel.
   - **Santé Physique** : Une mauvaise santé physique peut également perturber l'équilibre émotionnel.

Stratégies pour Maintenir l'Équilibre Émotionnel

1. **Pratiquer la Pleine Conscience**
   - **Description** : La pleine conscience aide à être présent et à accepter ses émotions sans jugement.

- ◦ **Techniques** : Intégrer des moments de pleine conscience dans la journée, comme la respiration consciente ou la méditation en marchant.

2. **Gérer les Émotions Négatives**
   - ◦ **Description** : Il est crucial de reconnaître et de gérer les émotions négatives plutôt que de les réprimer.
   - ◦ **Techniques** : Utiliser des techniques de respiration, écrire dans un journal ou parler à un ami de confiance.

3. **Adopter des Pensées Positives**
   - ◦ **Description** : Reprogrammer ses pensées pour se concentrer sur le positif aide à maintenir un bon équilibre émotionnel.
   - ◦ **Techniques** : Pratiquer la gratitude, les affirmations positives et remplacer les pensées négatives par des pensées constructives.

Développer des Relations Saines

1. **Établir des Limites Saines**
   - ◦ **Description** : Savoir dire non et établir des limites claires dans les relations est essentiel pour protéger son espace émotionnel.
   - ◦ **Techniques** : Apprendre à communiquer ses besoins et ses limites de manière assertive.

2. **Cultiver l'Empathie et la Compréhension**
   - ◦ **Description** : L'empathie permet de comprendre les émotions des autres et de renforcer les relations.
   - ◦ **Techniques** : Pratiquer l'écoute active et se mettre à la place des autres pour mieux comprendre leurs perspectives.

3. **Maintenir des Relations Positives**

- ○ **Description** : Entourer de personnes positives et soutenantes contribue à un bon équilibre émotionnel.
- ○ **Techniques** : Passer du temps avec des amis et la famille, rejoindre des groupes ou des communautés partageant des intérêts similaires.

Intégrer des Habitudes de Vie Saines

1. **Exercice Physique Régulier**
   - ○ **Description** : L'exercice physique aide à libérer des endorphines, les hormones du bonheur, et à réduire le stress.
   - ○ **Conseils** : Intégrer des activités physiques comme la marche, le yoga ou la danse dans la routine quotidienne.
2. **Alimentation Équilibrée**
   - ○ **Description** : Une alimentation saine et équilibrée soutient la santé mentale et émotionnelle.
   - ○ **Conseils** : Manger des aliments riches en nutriments, éviter les excès de sucre et de caféine, et rester hydraté.
3. **Sommeil de Qualité**
   - ○ **Description** : Un sommeil réparateur est essentiel pour régénérer le corps et l'esprit.
   - ○ **Conseils** : Maintenir une routine de sommeil régulière, créer un environnement propice au sommeil et éviter les écrans avant de se coucher.

Techniques de Relaxation et de Gestion du Stress

1. **Pratiquer la Respiration Profonde**

- ○ **Description** : La respiration profonde aide à réduire le stress et à calmer l'esprit.
- ○ **Techniques** : Utiliser des exercices de respiration comme la respiration abdominale ou la technique de respiration 4-7-8.

2. **Utiliser des Techniques de Relaxation**
   - ○ **Description** : Des techniques comme le yoga, le tai-chi ou les massages peuvent aider à détendre le corps et l'esprit.
   - ○ **Conseils** : Intégrer ces techniques dans la routine hebdomadaire pour favoriser la détente.

3. **Écouter de la Musique Apaisante**
   - ○ **Description** : La musique peut influencer positivement les émotions et réduire le stress.
   - ○ **Conseils** : Créer une playlist de musique relaxante à écouter lors des moments de stress ou de relaxation.

Faire Appel à des Professionnels si Nécessaire

1. **Consulter un Thérapeute ou un Conseiller**
   - ○ **Description** : Parfois, un soutien professionnel est nécessaire pour gérer les émotions et les situations difficiles.
   - ○ **Conseils** : Ne pas hésiter à consulter un thérapeute ou un conseiller pour obtenir de l'aide.

2. **Participer à des Groupes de Soutien**
   - ○ **Description** : Les groupes de soutien offrent un espace pour partager des expériences et recevoir du soutien.
   - ○ **Conseils** : Rejoindre des groupes locaux ou en ligne liés à des problématiques spécifiques pour obtenir des conseils et du soutien.

Maintenir un équilibre émotionnel sain est essentiel pour une vie réussie et épanouie. En pratiquant la pleine conscience, en adoptant des pensées positives, en développant des relations saines et en intégrant des habitudes de vie équilibrées, vous pouvez améliorer votre bien-être émotionnel. N'oubliez pas que demander de l'aide lorsque nécessaire est un signe de force et de sagesse. En cultivant ces pratiques, vous serez mieux équipé pour faire face aux défis de la vie avec résilience et sérénité.

Chapitre 12 : La Créativité et l'Innovation

12.1 Stimuler la Créativité

La créativité est une compétence essentielle pour innover, résoudre des problèmes et apporter des solutions uniques dans divers domaines de la vie. Ce sous-chapitre explore des techniques et des pratiques pour stimuler et développer votre créativité, vous permettant ainsi de penser différemment et de voir les choses sous un nouvel angle.

Comprendre la Créativité

1. **Définition de la Créativité**
   - **Description** : La créativité est la capacité à générer des idées nouvelles et originales, à imaginer des solutions uniques et à voir le monde sous un angle différent.
   - **Importance** : La créativité est fondamentale pour l'innovation, l'adaptation et la résolution de problèmes complexes.

2. **Les Myths de la Créativité**
   - **Mythes Communes** : Beaucoup pensent que la créativité est un don inné et réservé à quelques privilégiés. En réalité, c'est une compétence qui peut être cultivée.
   - **Réalité** : Tout le monde a le potentiel d'être créatif; il suffit de développer et de pratiquer les bonnes techniques.

Techniques pour Stimuler la Créativité

1. **Le Brainstorming**
    - **Description** : Le brainstorming est une technique pour générer un grand nombre d'idées en un court laps de temps sans autocensure.
    - **Conseils** : Organisez des sessions de brainstorming régulières, seul ou en groupe, et notez toutes les idées sans jugement initial.

2. **La Pensée Latérale**
    - **Description** : La pensée latérale consiste à aborder un problème sous un angle différent et non conventionnel.
    - **Techniques** : Utiliser des analogies, poser des questions inhabituelles et explorer des scénarios « et si » pour sortir des sentiers battus.

3. **Le Mind Mapping**
    - **Description** : Le mind mapping est une technique visuelle pour organiser des idées et découvrir des connexions entre elles.
    - **Conseils** : Créez des cartes mentales pour explorer des concepts, des projets ou des problèmes, et voir comment les idées se relient entre elles.

Cultiver un Environnement Créatif

1. **Créer un Espace Inspirant**
    - **Description** : Un environnement propice à la créativité peut stimuler l'imagination et l'innovation.
    - **Conseils** : Aménagez un espace de travail avec des objets inspirants, de la couleur, des œuvres d'art et des outils créatifs. Assurez-vous qu'il soit confortable et propice à la réflexion.

2. **Encourager la Diversité d'Idées**

- ◦ **Description** : Travailler avec des personnes ayant des perspectives et des compétences différentes peut enrichir le processus créatif.
- ◦ **Conseils** : Favorisez des équipes diversifiées et encouragez les échanges d'idées entre personnes de différents horizons.

3. **Prendre des Pauses Régulières**
   - ◦ **Description** : Les pauses permettent au cerveau de se reposer et de faire des connexions inattendues.
   - ◦ **Conseils** : Intégrez des pauses régulières dans votre journée de travail, faites de l'exercice ou méditez pour revitaliser votre esprit.

Pratiques Quotidiennes pour Favoriser la Créativité

1. **Tenir un Journal de Créativité**
   - ◦ **Description** : Écrire régulièrement dans un journal peut aider à capturer des idées, des inspirations et des réflexions.
   - ◦ **Conseils** : Notez vos pensées, vos rêves, vos idées et vos observations quotidiennes. Relisez-le pour découvrir des thèmes et des motifs récurrents.

2. **Explorer de Nouveaux Horizons**
   - ◦ **Description** : L'exploration et l'apprentissage de nouvelles compétences ou activités peuvent stimuler la créativité.
   - ◦ **Conseils** : Apprenez une nouvelle langue, essayez un nouveau hobby, lisez des livres de genres différents ou voyagez pour élargir votre perspective.

3. **Pratiquer la Méditation et la Pleine Conscience**
   - ◦ **Description** : La méditation et la pleine conscience peuvent améliorer la concentration et ouvrir l'esprit

à de nouvelles idées.

- ○ **Conseils** : Intégrez la méditation ou des exercices de pleine conscience dans votre routine quotidienne pour calmer l'esprit et favoriser la clarté mentale.

Utiliser des Outils et des Ressources pour la Créativité

1. **Applications et Logiciels**
   - ○ **Description** : De nombreux outils numériques peuvent aider à organiser des idées et à stimuler la créativité.
   - ○ **Suggestions** : Utilisez des applications comme Trello pour la gestion des projets, Evernote pour la prise de notes ou Canva pour les créations graphiques.
2. **Ressources Éducatives**
   - ○ **Description** : Les cours en ligne, les ateliers et les conférences peuvent offrir de nouvelles perspectives et compétences créatives.
   - ○ **Suggestions** : Inscrivez-vous à des cours sur des plateformes comme Coursera, Udemy ou Skillshare pour apprendre de nouvelles techniques créatives.
3. **Groupes et Communautés**
   - ○ **Description** : Participer à des groupes ou des communautés créatives peut offrir du soutien et de l'inspiration.
   - ○ **Suggestions** : Rejoignez des groupes sur les réseaux sociaux, des forums en ligne ou des clubs locaux pour échanger des idées et collaborer.

Stimuler la créativité demande de la pratique et un engagement constant à explorer et à sortir de sa zone de confort. En utilisant ces techniques et en cultivant un environnement propice à la créativité, vous pouvez développer votre capacité à innover, à résoudre des problèmes et à apporter des solutions uniques dans votre vie personnelle et professionnelle. La créativité est une compétence précieuse qui enrichit non seulement votre propre expérience, mais aussi celle des autres.

12.2 Encourager l'Innovation

L'innovation est la clé pour se démarquer, évoluer et réussir dans un monde en constante mutation. Encourager l'innovation signifie non seulement générer des idées nouvelles, mais aussi les transformer en solutions pratiques et efficaces. Ce sous-chapitre explore les méthodes et stratégies pour promouvoir l'innovation dans divers domaines de la vie et du travail.

Comprendre l'Innovation

1. **Définition de l'Innovation**
   - **Description** : L'innovation consiste à introduire de nouvelles idées, méthodes ou produits qui apportent une valeur ajoutée.
   - **Importance** : Elle est essentielle pour la croissance, l'adaptabilité et la compétitivité dans un environnement dynamique.
2. **Différence entre Créativité et Innovation**
   - **Créativité** : La capacité à imaginer des idées nouvelles.
   - **Innovation** : La mise en œuvre de ces idées pour créer un impact tangible et positif.

Favoriser un Environnement Innovant

1. **Créer une Culture d'Innovation**
   - **Description** : Une culture d'innovation encourage tous les membres d'une organisation à proposer et expérimenter des idées nouvelles.
   - **Conseils** : Encouragez la prise de risques calculée, valorisez les essais et les erreurs, et célébrez les

réussites ainsi que les leçons tirées des échecs.

2. **Encourager la Collaboration**
   - **Description** : Les idées innovantes naissent souvent de la collaboration et de l'échange de perspectives diverses.
   - **Conseils** : Favorisez le travail en équipe, organisez des sessions de brainstorming interdisciplinaire et créez des espaces pour l'échange d'idées.

3. **Fournir des Ressources et des Outils**
   - **Description** : Les outils et les ressources adéquats peuvent stimuler l'innovation en facilitant la mise en œuvre des idées.
   - **Conseils** : Investissez dans des technologies de pointe, des logiciels de gestion de l'innovation et des plateformes de collaboration.

Techniques pour Encourager l'Innovation

1. **L'Approche Design Thinking**
   - **Description** : Le design thinking est une approche centrée sur l'utilisateur pour résoudre des problèmes complexes de manière créative.
   - **Étapes** : Empathie (comprendre les besoins), Définition (identifier le problème), Idéation (générer des idées), Prototypage (créer des solutions) et Test (essayer et ajuster).
   - **Conseils** : Appliquez ces étapes dans vos projets pour développer des solutions innovantes et centrées sur les utilisateurs.

2. **L'Innovation Ouverte (Open Innovation)**
   - **Description** : L'innovation ouverte consiste à collaborer avec des partenaires externes pour co-

développer de nouvelles idées.

- ◦ **Exemples** : Collaborations avec des startups, des universités ou des clients pour innover conjointement.
- ◦ **Conseils** : Participez à des hackathons, des concours d'innovation et des partenariats stratégiques pour élargir vos sources d'idées.

3. **La Méthode Agile**
   - ◦ **Description** : La méthode Agile permet de gérer des projets de manière flexible et itérative, favorisant ainsi l'innovation continue.
   - ◦ **Étapes** : Planification, développement, test, revue et amélioration continue.
   - ◦ **Conseils** : Adoptez les principes Agiles dans vos projets pour répondre rapidement aux changements et améliorer constamment les produits et services.

Encourager l'Innovation au Quotidien

1. **Inculquer une Mentalité de Curiosité**
   - ◦ **Description** : La curiosité pousse à poser des questions, à explorer de nouvelles idées et à apprendre continuellement.
   - ◦ **Conseils** : Encouragez une attitude de curiosité et de questionnement chez vous et vos équipes. Faites de l'apprentissage continu une priorité.

2. **Adopter une Approche Expérimentale**
   - ◦ **Description** : Tester et expérimenter différentes solutions peut conduire à des innovations significatives.
   - ◦ **Conseils** : Mettez en place des projets pilotes, testez des hypothèses et soyez prêt à ajuster vos approches

en fonction des résultats.

3. **Stimuler la Diversité de Pensée**
    - **Description** : La diversité de pensée enrichit le processus d'innovation en apportant des perspectives variées.
    - **Conseils** : Encouragez la diversité dans les équipes, sollicitez des avis variés et créez un environnement inclusif où chaque idée est valorisée.

Mesurer et Récompenser l'Innovation

1. **Définir des Indicateurs de Performance**
    - **Description** : Mesurer l'innovation aide à comprendre son impact et à ajuster les stratégies en conséquence.
    - **Indicateurs** : Nombre de nouvelles idées générées, taux de mise en œuvre des idées, impact commercial des innovations.
    - **Conseils** : Utilisez des indicateurs clairs pour suivre et évaluer les initiatives d'innovation.
2. **Récompenser l'Innovation**
    - **Description** : La reconnaissance et les récompenses motivent les individus et les équipes à innover davantage.
    - **Conseils** : Mettez en place des systèmes de récompenses pour les idées innovantes, que ce soit par des primes, des promotions ou des reconnaissances publiques.

Encourager l'innovation est un processus continu qui nécessite un engagement, une culture de soutien et des pratiques concrètes. En adoptant ces stratégies, vous pouvez non seulement générer des idées novatrices, mais aussi les transformer en solutions pratiques et impactantes, contribuant ainsi à la croissance et au succès durable.

12.3 Appliquer la Créativité au Quotidien

La créativité n'est pas réservée aux artistes ou aux inventeurs ; elle peut être intégrée dans notre quotidien pour résoudre des problèmes, améliorer notre environnement et enrichir notre vie personnelle et professionnelle. Ce sous-chapitre explore comment appliquer la créativité au jour le jour, en adoptant des pratiques et des habitudes qui stimulent l'innovation.

Adopter une Mentalité Créative

1. **Penser Différemment**
   - **Description** : Adopter une perspective nouvelle et originale sur les situations courantes.
   - **Conseils** : Remettez en question les idées préconçues, explorez différentes approches pour résoudre un problème et envisagez des scénarios alternatifs.

2. **Cultiver la Curiosité**
   - **Description** : La curiosité est le moteur de la créativité.
   - **Conseils** : Posez des questions, explorez de nouveaux sujets, lisez des livres variés et interrogez-vous sur le fonctionnement des choses.

3. **Accepter l'Incertitude**
   - **Description** : La créativité implique souvent de naviguer dans l'incertitude et de prendre des risques.
   - **Conseils** : Soyez ouvert aux erreurs et aux échecs, et considérez-les comme des opportunités d'apprentissage et de croissance.

Techniques pour Stimuler la Créativité

1. **Le Brainstorming**
   - **Description** : Une méthode collective pour générer un maximum d'idées en un temps limité.
   - **Conseils** : Organisez des sessions de brainstorming régulières avec des collègues ou des amis, encouragez la participation de tous et évitez les critiques immédiates.

2. **La Mind Mapping**
   - **Description** : Une technique visuelle pour organiser les idées et explorer les relations entre elles.
   - **Conseils** : Utilisez des cartes mentales pour structurer vos pensées, planifier des projets ou résoudre des problèmes complexes.

3. **Le SCAMPER**
   - **Description** : Un outil de créativité qui utilise des questions pour transformer et améliorer les idées existantes.
   - **Conseils** : Appliquez les questions SCAMPER (Substituer, Combiner, Adapter, Modifier, Proposer d'autres usages, Éliminer, Réarranger) pour explorer de nouvelles possibilités.

Intégrer la Créativité dans les Activités Quotidiennes

1. **Résolution de Problèmes**
   - **Description** : Appliquer des techniques créatives pour résoudre des problèmes quotidiens.
   - **Conseils** : Envisagez plusieurs solutions possibles pour chaque problème, utilisez des techniques de brainstorming et de mind mapping, et testez

différentes approches.

2. **Organisation Personnelle**
   - **Description** : Utiliser la créativité pour améliorer l'organisation de son espace de travail et de vie.
   - **Conseils** : Réorganisez votre espace en fonction de vos besoins et de votre flux de travail, personnalisez vos outils et systèmes d'organisation, et expérimentez différentes configurations.

3. **Projets Personnels et Professionnels**
   - **Description** : Appliquer des idées créatives à vos projets pour les rendre plus intéressants et innovants.
   - **Conseils** : Cherchez des moyens de rendre vos projets plus attrayants, que ce soit en ajoutant des éléments visuels, en adoptant de nouvelles technologies ou en impliquant de nouvelles perspectives.

Maintenir et Nourrir la Créativité

1. **Prendre du Temps pour la Réflexion**
   - **Description** : La créativité a besoin de temps pour se développer et s'épanouir.
   - **Conseils** : Accordez-vous des moments de réflexion et de détente, pratiquez la méditation ou la pleine conscience, et laissez votre esprit vagabonder.

2. **Explorer de Nouveaux Centres d'Intérêt**
   - **Description** : La diversité des expériences nourrit la créativité.
   - **Conseils** : Engagez-vous dans de nouvelles activités, apprenez des compétences nouvelles, voyagez et découvrez différentes cultures et perspectives.

3. **Équilibre et Bien-être**

- ◦ **Description** : Un esprit créatif nécessite un corps et un esprit en bonne santé.
- ◦ **Conseils** : Maintenez un équilibre entre le travail et la vie personnelle, prenez soin de votre santé physique et mentale, et assurez-vous de bien dormir et de vous reposer suffisamment.

Exemples Concrets d'Application

1. **Amélioration des Processus au Travail**
   - ◦ **Description** : Utiliser des idées créatives pour optimiser les processus et les workflows.
   - ◦ **Exemple** : Une équipe de projet pourrait adopter la méthode Agile pour améliorer l'efficacité et la collaboration, ou utiliser des outils de gestion de projet innovants pour mieux suivre les tâches et les délais.
2. **Innovation dans les Produits et Services**
   - ◦ **Description** : Appliquer des techniques créatives pour développer de nouveaux produits ou services.
   - ◦ **Exemple** : Une entreprise pourrait organiser des hackathons internes pour encourager les employés à proposer des idées innovantes, ou utiliser le design thinking pour développer des solutions centrées sur les utilisateurs.
3. **Projets Personnels Créatifs**
   - ◦ **Description** : Appliquer la créativité dans des projets personnels pour un épanouissement personnel.
   - ◦ **Exemple** : Créer un blog ou une chaîne YouTube sur un sujet qui vous passionne, transformer votre jardin en un espace artistique ou développer une

application mobile pour résoudre un problème quotidien.

Appliquer la créativité au quotidien ne signifie pas seulement générer des idées nouvelles, mais aussi adopter une mentalité ouverte et flexible, et intégrer des pratiques créatives dans toutes les facettes de la vie. En cultivant cette approche, vous pouvez enrichir votre expérience personnelle et professionnelle, tout en apportant des solutions innovantes et efficaces à vos défis quotidiens.

Chapitre 13 : La Prise de Décision et la Résolution de Problèmes

13.1 Processus de Prise de Décision

Prendre des décisions est une compétence essentielle pour réussir dans la vie personnelle et professionnelle. Une bonne prise de décision repose sur un processus structuré qui permet d'évaluer les options de manière rationnelle et efficace. Ce sous-chapitre explore le processus de prise de décision, en fournissant des étapes claires et des techniques pour améliorer cette compétence cruciale.

Comprendre le Processus de Prise de Décision

1. **Identifier le Problème ou l'Opportunité**
   - **Description** : Le point de départ de toute prise de décision est la reconnaissance d'un besoin de changement ou d'une opportunité à saisir.
   - **Conseils** : Clarifiez le problème ou l'opportunité. Posez-vous des questions pour bien comprendre la situation. Qu'est-ce qui doit être résolu ou amélioré ? Quelle est l'opportunité à explorer ?

2. **Collecter des Informations Pertinentes**
   - **Description** : La collecte d'informations est essentielle pour comprendre toutes les facettes du problème ou de l'opportunité.
   - **Conseils** : Recherchez des données et des faits pertinents. Consultez des sources variées, parlez à des experts et faites des recherches pour obtenir une vue d'ensemble complète.

3. **Identifier les Options**
   - **Description** : Explorez toutes les alternatives

possibles pour résoudre le problème ou tirer parti de l'opportunité.

- ◦ **Conseils** : Notez toutes les options disponibles, même celles qui semblent moins viables au premier abord. Utilisez des techniques de brainstorming pour générer des idées.

4. **Évaluer les Options**
   - ◦ **Description** : Comparez les différentes options en termes de leurs avantages, inconvénients et faisabilité.
   - ◦ **Conseils** : Créez une liste des critères de décision et évaluez chaque option par rapport à ces critères. Considérez les implications à court et à long terme, ainsi que les risques associés à chaque choix.

5. **Choisir la Meilleure Option**
   - ◦ **Description** : Sélectionnez l'option qui répond le mieux aux critères de décision et qui semble offrir les meilleurs résultats.
   - ◦ **Conseils** : Faites un choix éclairé en tenant compte de toutes les informations disponibles. Si possible, consultez d'autres personnes pour obtenir leurs avis et perspectives.

6. **Mettre en Œuvre la Décision**
   - ◦ **Description** : Une fois la décision prise, il est crucial de la mettre en œuvre efficacement.
   - ◦ **Conseils** : Développez un plan d'action détaillé. Définissez les étapes à suivre, les ressources nécessaires et les délais. Assurez-vous que toutes les parties prenantes comprennent leur rôle dans l'exécution du plan.

7. **Évaluer les Résultats**

- ◦ **Description** : Après la mise en œuvre, il est important de mesurer les résultats pour évaluer l'efficacité de la décision.
- ◦ **Conseils** : Analysez les résultats obtenus par rapport aux objectifs fixés. Identifiez les succès et les domaines nécessitant des ajustements. Apprenez de cette expérience pour améliorer les futures prises de décision.

Techniques pour Améliorer la Prise de Décision

1. **Analyse SWOT**
   - ◦ **Description** : Une méthode pour identifier les forces, faiblesses, opportunités et menaces liées à une décision.
   - ◦ **Conseils** : Utilisez l'analyse SWOT pour évaluer chaque option de manière structurée. Cela vous permettra de visualiser les aspects positifs et négatifs de chaque choix.

2. **La Matrice de Décision**
   - ◦ **Description** : Un outil qui aide à évaluer les options en fonction de différents critères pondérés.
   - ◦ **Conseils** : Listez les critères importants et attribuez-leur un poids en fonction de leur importance. Évaluez chaque option par rapport à ces critères et calculez une note globale pour identifier la meilleure option.

3. **La Méthode des Six Chapeaux de la Pensée**
   - ◦ **Description** : Une technique développée par Edward de Bono pour examiner une décision sous différents angles.
   - ◦ **Conseils** : Utilisez les six chapeaux (chapeau blanc

pour les faits, chapeau rouge pour les émotions, chapeau noir pour les risques, chapeau jaune pour les bénéfices, chapeau vert pour la créativité et chapeau bleu pour le contrôle) pour explorer les options de manière exhaustive.

Prendre des Décisions Sous Pression

1. **Rester Calme et Composé**
   - **Description** : La pression peut nuire à la clarté de pensée et à la qualité de la décision.
   - **Conseils** : Pratiquez des techniques de gestion du stress, comme la respiration profonde ou la méditation, pour maintenir votre calme. Prenez quelques instants pour rassembler vos pensées avant de décider.

2. **Prioriser les Options**
   - **Description** : En situation de pression, il est crucial de prioriser les décisions en fonction de leur urgence et de leur importance.
   - **Conseils** : Utilisez la matrice d'Eisenhower pour classer les tâches et les décisions en fonction de leur importance et de leur urgence. Cela vous aidera à concentrer vos efforts sur les décisions les plus cruciales.

3. **Utiliser l'Intuition**
   - **Description** : L'intuition peut être un atout précieux lorsqu'il s'agit de prendre des décisions rapides.
   - **Conseils** : Faites confiance à votre intuition, surtout si vous avez une expérience significative dans le domaine concerné. Combinez l'intuition avec une

analyse rapide des faits pour prendre des décisions éclairées.

Exemples Concrets de Prise de Décision

1. **Décision Professionnelle**
   - **Description** : Décider de l'opportunité de lancer un nouveau produit.
   - **Exemple** : Une entreprise envisage de lancer un nouveau produit sur le marché. Le processus inclut l'analyse des tendances du marché, l'évaluation des coûts de développement, la réalisation d'études de marché et la consultation des équipes internes. Après avoir pesé les avantages et les risques, la décision est prise de procéder au lancement avec un plan d'action détaillé et un suivi des performances.

2. **Décision Personnelle**
   - **Description** : Choisir de déménager dans une nouvelle ville.
   - **Exemple** : Une personne reçoit une offre d'emploi dans une autre ville. Elle évalue les avantages (meilleur salaire, nouvelles opportunités de carrière) et les inconvénients (éloignement de la famille, coût de la vie) avant de prendre la décision. Elle consulte également sa famille et planifie les étapes du déménagement pour assurer une transition en douceur.

3. **Décision en Équipe**
   - **Description** : Prendre une décision collective pour un projet.
   - **Exemple** : Une équipe de projet doit choisir entre plusieurs fournisseurs pour un contrat important.

Les membres de l'équipe utilisent une matrice de décision pour évaluer chaque fournisseur en fonction de critères comme le coût, la qualité et les délais de livraison. Après une discussion et une évaluation collective, l'équipe sélectionne le fournisseur le mieux noté.

En suivant un processus structuré de prise de décision, vous pouvez augmenter vos chances de faire des choix éclairés et efficaces, que ce soit dans votre vie personnelle ou professionnelle. La maîtrise de ces compétences est essentielle pour naviguer avec succès dans les défis quotidiens et atteindre vos objectifs à long terme.

13.2 Analyser et Résoudre les Problèmes

La capacité à analyser et à résoudre les problèmes est essentielle pour réussir dans tous les aspects de la vie. Qu'il s'agisse de défis personnels ou professionnels, la méthode et les outils utilisés pour résoudre les problèmes peuvent faire une grande différence dans les résultats obtenus. Dans ce sous-chapitre, nous explorerons les étapes clés de l'analyse des problèmes et fournirons des stratégies pratiques pour les résoudre efficacement.

Comprendre le Problème

1. **Identifier le Problème**
   - **Description** : La première étape pour résoudre un problème est de le définir clairement. Sans une compréhension précise du problème, il est difficile de trouver des solutions efficaces.
   - **Conseils** : Prenez le temps d'analyser la situation. Posez des questions pour clarifier le problème : Qu'est-ce qui ne fonctionne pas ? Quels sont les symptômes ? Quand et où le problème survient-il ? Qui est affecté ?

2. **Collecter des Informations**
   - **Description** : Une fois le problème identifié, il est crucial de rassembler toutes les informations pertinentes. Cela permet de comprendre les causes profondes et les différents aspects du problème.
   - **Conseils** : Recherchez des données et des faits. Parlez aux personnes concernées, consultez des documents ou des rapports et utilisez des outils de recherche pour obtenir une image complète de la situation.

Analyser le Problème

1. **Décomposer le Problème**
   - **Description** : Divisez le problème en parties plus petites et plus gérables. Cela facilite l'analyse et aide à identifier les causes spécifiques.
   - **Conseils** : Utilisez des diagrammes de cause à effet, comme le diagramme d'Ishikawa (ou diagramme en arêtes de poisson), pour visualiser les différentes causes du problème. Identifiez les catégories principales et examinez chaque élément en détail.

2. **Identifier les Causes Racines**
   - **Description** : Pour résoudre un problème efficacement, il est essentiel d'identifier ses causes profondes plutôt que de se concentrer uniquement sur les symptômes.
   - **Conseils** : Utilisez la méthode des « 5 Pourquoi » pour remonter aux causes racines. Pour chaque cause identifiée, demandez « Pourquoi cela s'est-il produit ? » jusqu'à ce que vous atteigniez la cause fondamentale.

Générer des Solutions

1. **Brainstorming**
   - **Description** : Le brainstorming est une technique créative pour générer de nombreuses solutions possibles. Il encourage la libre expression des idées sans jugement.
   - **Conseils** : Organisez une séance de brainstorming avec les parties prenantes concernées. Encouragez toutes les idées, même celles qui semblent farfelues.

Notez toutes les suggestions sans critique initiale.

2. **Évaluation des Options**
   - **Description** : Une fois que vous avez une liste d'options, il est important de les évaluer en fonction de leur faisabilité, de leur coût, de leur efficacité et de leurs impacts.
   - **Conseils** : Utilisez une matrice de décision pour comparer les options. Notez chaque option selon des critères spécifiques et pondérez les critères en fonction de leur importance relative.

Mettre en Œuvre et Suivre les Solutions

1. **Développer un Plan d'Action**
   - **Description** : Pour mettre en œuvre la solution choisie, créez un plan d'action détaillé qui décrit les étapes spécifiques à suivre, les ressources nécessaires et les délais.
   - **Conseils** : Assignez des responsabilités claires pour chaque tâche. Établissez un calendrier et des jalons pour suivre les progrès. Communiquez le plan à toutes les parties prenantes pour assurer leur engagement et leur coopération.

2. **Suivre et Évaluer les Résultats**
   - **Description** : Après la mise en œuvre, il est crucial de suivre les résultats pour s'assurer que le problème est résolu efficacement et que les objectifs sont atteints.
   - **Conseils** : Utilisez des indicateurs de performance pour mesurer les résultats. Collectez des retours d'expérience et analysez les données pour évaluer l'efficacité de la solution. Soyez prêt à ajuster le plan

d'action si nécessaire.

Techniques Avancées de Résolution de Problèmes

1. **Méthode PDCA (Plan-Do-Check-Act)**
   - **Description** : La méthode PDCA est un cycle itératif de gestion de la qualité pour l'amélioration continue des processus.
   - **Conseils** : Appliquez la méthode PDCA pour structurer votre approche de résolution de problèmes. Planifiez les actions (Plan), mettez-les en œuvre (Do), vérifiez les résultats (Check) et ajustez en conséquence (Act).

2. **Analyse SWOT**
   - **Description** : L'analyse SWOT (Strengths, Weaknesses, Opportunities, Threats) est un outil stratégique pour identifier les forces, les faiblesses, les opportunités et les menaces.
   - **Conseils** : Utilisez l'analyse SWOT pour évaluer le contexte du problème et les capacités de l'organisation. Identifiez les points forts et les opportunités à exploiter, ainsi que les faiblesses et les menaces à atténuer.

Études de Cas

1. **Résolution de Problèmes en Entreprise**
   - **Exemple** : Une entreprise confrontée à une baisse de la satisfaction client. L'analyse révèle que le problème provient d'un service après-vente inefficace. La solution mise en œuvre inclut la formation du personnel et l'amélioration des processus de suivi des réclamations, ce qui conduit à une augmentation

significative de la satisfaction client.

2. **Résolution de Problèmes Personnels**

  ○ **Exemple** : Une personne confrontée à un stress élevé au travail identifie que la principale cause est une mauvaise gestion du temps. En utilisant des techniques de gestion du temps et en définissant des priorités claires, elle parvient à réduire son stress et à améliorer son bien-être général.

En maîtrisant l'analyse et la résolution de problèmes, vous pouvez surmonter les obstacles de manière plus efficace et atteindre vos objectifs avec succès. Ces compétences sont essentielles non seulement pour résoudre les défis immédiats, mais aussi pour favoriser une culture d'amélioration continue et de résilience dans votre vie personnelle et professionnelle.

13.3 Prendre des Décisions Éclairées

Prendre des décisions éclairées est crucial pour le succès dans tous les aspects de la vie, qu'il s'agisse de choix personnels, professionnels ou stratégiques. Ce sous-chapitre se concentrera sur les principes et les techniques pour prendre des décisions bien informées et réfléchies, en minimisant les risques et en maximisant les chances de succès.

Comprendre le Processus Décisionnel

1. **Définir le Problème ou l'Objectif**
   - **Description** : Avant de prendre une décision, il est essentiel de comprendre clairement le problème à résoudre ou l'objectif à atteindre.
   - **Conseils** : Posez-vous des questions fondamentales pour définir le problème ou l'objectif : Quel est le véritable enjeu ? Pourquoi est-ce important ? Quels sont les critères de succès ?
2. **Collecter des Informations Pertinentes**
   - **Description** : Une décision éclairée nécessite une base solide d'informations précises et pertinentes.
   - **Conseils** : Faites des recherches approfondies, consultez des experts, et rassemblez des données quantitatives et qualitatives. Assurez-vous que vos sources d'information sont fiables et à jour.

Techniques pour Prendre des Décisions Éclairées

1. **Analyse Coûts-Bénéfices**
   - **Description** : Cette technique consiste à évaluer les avantages et les inconvénients de chaque option disponible.

- ◦ **Conseils** : Listez tous les coûts (financiers, temporels, émotionnels) et les bénéfices associés à chaque option. Comparez ces facteurs pour déterminer laquelle offre le meilleur rapport coût-bénéfice.

2. **Matriçage des Décisions**
    - ◦ **Description** : Une matrice de décision permet de comparer plusieurs options en fonction de critères pondérés.
    - ◦ **Conseils** : Identifiez les critères importants pour votre décision. Attribuez un poids à chaque critère en fonction de son importance relative. Notez chaque option selon ces critères et calculez une note globale pour chaque option.

3. **Analyse SWOT (Forces, Faiblesses, Opportunités, Menaces)**
    - ◦ **Description** : L'analyse SWOT aide à évaluer les aspects internes et externes liés à une décision.
    - ◦ **Conseils** : Pour chaque option, identifiez ses forces et faiblesses (facteurs internes) ainsi que les opportunités et menaces (facteurs externes). Utilisez ces informations pour choisir l'option la plus équilibrée.

Évaluer les Conséquences à Long Terme

1. **Prévision des Scénarios**
    - ◦ **Description** : Anticiper les résultats possibles de chaque option aide à évaluer les conséquences à long terme.
    - ◦ **Conseils** : Imaginez les différents scénarios possibles pour chaque décision. Quels seront les impacts à

court, moyen et long terme ? Quels sont les meilleurs et les pires scénarios ?

2. **Prendre en Compte les Impacts Collatéraux**
    - **Description** : Chaque décision peut avoir des impacts collatéraux sur d'autres aspects de votre vie ou de votre organisation.
    - **Conseils** : Évaluez comment chaque décision affectera les parties prenantes, les processus connexes, et les objectifs à long terme. Soyez attentif aux effets secondaires potentiels.

Impliquer les Parties Prenantes

1. **Consultation et Collaboration**
    - **Description** : Impliquer les personnes concernées dans le processus de décision peut fournir des perspectives précieuses et favoriser l'adhésion.
    - **Conseils** : Consultez les parties prenantes clés et sollicitez leurs opinions. Encouragez une collaboration ouverte et honnête pour intégrer diverses perspectives et expertises.

2. **Décision Participative**
    - **Description** : Dans certains cas, une approche participative peut améliorer la qualité de la décision et renforcer l'engagement des parties prenantes.
    - **Conseils** : Utilisez des techniques de prise de décision participative, comme le brainstorming ou les groupes de discussion, pour inclure les points de vue des différentes parties impliquées.

Éviter les Biais Décisionnels

1. **Reconnaître les Biais Cognitifs**
    - **Description** : Les biais cognitifs peuvent influencer négativement le processus décisionnel en distorsionnant la perception et l'évaluation des options.
    - **Conseils** : Soyez conscient des biais courants comme le biais de confirmation, l'effet de halo, et l'aversion à la perte. Utilisez des techniques de réflexion critique pour minimiser leur impact.
2. **Utiliser des Outils de Décision Objectifs**
    - **Description** : L'utilisation d'outils objectifs et structurés peut aider à atténuer l'influence des biais personnels.
    - **Conseils** : Appliquez des outils tels que les arbres de décision, les matrices de décision et les analyses coûts-bénéfices pour structurer et objectiver le processus décisionnel.

Passer à l'Action

1. **Mettre en Œuvre la Décision**
    - **Description** : Une fois la décision prise, il est crucial de la mettre en œuvre de manière efficace et coordonnée.
    - **Conseils** : Élaborez un plan d'action détaillé, définissez des responsabilités claires, et établissez des délais. Communiquez la décision et le plan d'action aux parties concernées.
2. **Suivre et Évaluer les Résultats**
    - **Description** : Le suivi et l'évaluation des résultats permettent de s'assurer que la décision atteint les objectifs fixés.

- **Conseils** : Utilisez des indicateurs de performance pour mesurer les progrès. Recueillez des feedbacks réguliers et soyez prêt à ajuster le plan si nécessaire pour corriger les écarts.

Études de Cas

1. **Décision Stratégique en Entreprise**
   - **Exemple** : Une entreprise décide de lancer un nouveau produit après une analyse coûts-bénéfices et une étude de marché approfondie. La décision est suivie d'un plan de lancement détaillé et d'un suivi rigoureux des ventes et des retours clients.

2. **Décision Personnelle Importante**
   - **Exemple** : Une personne choisit de changer de carrière après avoir consulté des experts, analysé ses compétences et ses aspirations, et évalué les impacts financiers et personnels à long terme. Le processus inclus des consultations avec des mentors et des proches pour garantir une décision bien informée.

Prendre des décisions éclairées est une compétence clé pour réussir dans la vie. En utilisant des techniques d'analyse rigoureuses, en minimisant les biais cognitifs, et en impliquant les parties prenantes, vous pouvez faire des choix plus informés et stratégiques. Cela vous permettra non seulement de résoudre des problèmes complexes mais aussi de saisir des opportunités et d'atteindre vos objectifs avec confiance et efficacité.

Chapitre 14 : L'Éthique et les Valeurs
14.1 Importance de l'Éthique

L'éthique joue un rôle fondamental dans tous les aspects de notre vie, que ce soit sur le plan personnel, professionnel ou social. Ce sous-chapitre explorera l'importance de l'éthique dans la prise de décision et dans la construction d'une vie réussie et épanouie.

Fondements de l'Éthique

1. **Définition de l'Éthique**
   - **Description** : L'éthique se réfère aux principes et aux normes qui guident nos actions et nos comportements, en particulier lorsqu'il s'agit de faire des choix moralement justes.
   - **Conseils** : Comprendre les bases de l'éthique vous permettra de prendre des décisions alignées avec vos valeurs et de maintenir une conduite responsable dans toutes les situations.

2. **Valeurs Fondamentales**
   - **Description** : Les valeurs telles que l'intégrité, la responsabilité, le respect et la compassion servent de fondement à une conduite éthique.
   - **Conseils** : Identifiez vos valeurs fondamentales et engagez-vous à les respecter dans toutes vos actions. Vos valeurs sont le reflet de qui vous êtes et guideront vos choix tout au long de votre vie.

L'éthique dans la Vie Professionnelle

1. **Intégrité au Travail**
   - **Description** : L'intégrité professionnelle implique

d'agir de manière honnête et éthique dans toutes vos interactions professionnelles, même lorsque personne ne regarde.
  - **Conseils** : Respectez les règles et les normes éthiques de votre domaine professionnel. Soyez transparent et honnête dans vos transactions et vos communications.

2. **Respect des Autres**
   - **Description** : Le respect des collègues, des clients et des partenaires commerciaux est essentiel pour maintenir des relations professionnelles harmonieuses et éthiques.
   - **Conseils** : Traitez les autres avec courtoisie, empathie et équité. Évitez les comportements discriminatoires ou préjudiciables qui pourraient nuire à la confiance et à la collaboration.

L'éthique dans les Relations Interpersonnelles

1. **Honnêteté et Authenticité**
   - **Description** : Être honnête et authentique dans vos relations personnelles renforce la confiance et favorise des liens durables et significatifs.
   - **Conseils** : Exprimez-vous avec sincérité et transparence. Soyez fidèle à vos paroles et à vos engagements pour maintenir l'intégrité de vos relations.

2. **Respect de la Confidentialité**
   - **Description** : Respecter la confidentialité des autres est une composante essentielle du respect et de la protection de leur vie privée.
   - **Conseils** : Gardez les informations personnelles

confidentielles et ne les partagez qu'avec le consentement de la personne concernée. Respectez les limites et les frontières établies dans vos relations.

L'éthique dans la Société

1. **Responsabilité Sociale**
   - **Description** : Contribuer au bien-être de la société et à la résolution des problèmes sociaux est un aspect important de la conduite éthique.
   - **Conseils** : Engagez-vous dans des actions bénévoles, soutenez des causes philanthropiques et respectez les lois et les règlements qui visent à promouvoir le bien commun.
2. **Justice et Équité**
   - **Description** : Favoriser la justice sociale et l'égalité des chances pour tous est un impératif moral pour une société juste et équilibrée.
   - **Conseils** : Rejetez la discrimination et l'injustice sous toutes leurs formes. Défendez les droits des minorités et des personnes marginalisées et œuvrez pour un monde plus juste et inclusif.

Études de Cas

1. **Dilemme Éthique en Milieu Professionnel**
   - **Exemple** : Un employé est confronté à un choix difficile entre divulguer une information sensible qui pourrait nuire à l'entreprise mais est dans l'intérêt du public, ou respecter la confidentialité de l'entreprise. Il doit naviguer entre les principes de l'intégrité professionnelle et la responsabilité sociale.

2. **Conflit de Valeurs dans les Relations Interpersonnelles**
    - **Exemple** : Deux amis sont en désaccord sur une question morale importante, comme l'éthique de la consommation de viande ou les droits des animaux. Ils doivent trouver un terrain d'entente en respectant leurs valeurs respectives tout en maintenant le respect et l'amitié.

Adopter une conduite éthique dans tous les aspects de la vie est essentiel pour construire des relations solides, maintenir une réputation irréprochable et contribuer au bien-être de la société. En cultivant l'intégrité, le respect et la responsabilité, vous pouvez devenir un leader moral et inspirant, capable d'influencer positivement votre entourage et votre communauté.

14.2 Intégrité et Transparence

L'intégrité et la transparence sont des piliers fondamentaux de tout individu ou organisation engagé dans une conduite éthique. Ce sous-chapitre explore l'importance de ces valeurs et leur impact sur les relations personnelles, professionnelles et sociales.

L'Intégrité comme Fondement de l'Éthique

1. **Définition de l'Intégrité**
   - **Description** : L'intégrité implique la cohérence entre ce que l'on pense, ce que l'on dit et ce que l'on fait. C'est la capacité à agir selon ses valeurs morales, même lorsque personne ne regarde.
   - **Conseils** : Cultiver l'intégrité nécessite une conscience aiguë de ses valeurs et un engagement ferme à vivre en accord avec celles-ci dans toutes les situations.

2. **Confiance et Crédibilité**
   - **Description** : L'intégrité est le fondement de la confiance et de la crédibilité. En agissant de manière intègre, vous gagnez le respect et la confiance de votre entourage, ce qui renforce vos relations personnelles et professionnelles.
   - **Conseils** : Soyez transparent et honnête dans toutes vos interactions. Respectez vos engagements et tenez-vous en aux principes éthiques même lorsque cela est difficile.

La Transparence comme Garantie de Confiance

1. **Ouverture et Honnêteté**

- ◦ **Description** : La transparence consiste à partager ouvertement et honnêtement les informations pertinentes avec les parties concernées. Cela renforce la confiance et favorise une communication claire et efficace.
- ◦ **Conseils** : Pratiquez l'ouverture en partageant les informations de manière proactive et en répondant honnêtement aux questions et aux préoccupations. Évitez les dissimulations ou les omissions qui pourraient compromettre la confiance.

2. **Responsabilité et Reddition de Compte**
   - ◦ **Description** : La transparence implique également d'assumer la responsabilité de ses actions et de rendre compte de ses décisions. Cela témoigne d'un engagement envers l'intégrité et la responsabilité.
   - ◦ **Conseils** : Soyez prêt à assumer la responsabilité de vos erreurs et à les corriger de manière transparente. Acceptez les retours d'information de manière constructive et utilisez-les pour vous améliorer.

L'Intégrité et la Transparence en Milieu Professionnel

1. **Leadership Éthique**
   - ◦ **Description** : Les leaders éthiques incarnent l'intégrité et la transparence dans leur leadership. Leur exemple inspire confiance et encourage les autres à adopter des comportements similaires.
   - ◦ **Conseils** : En tant que leader, pratiquez ce que vous prêchez et favorisez une culture organisationnelle basée sur l'intégrité, la transparence et le respect.

2. **Gestion des Conflits d'Intérêts**
   - ◦ **Description** : Identifier et gérer les conflits

d'intérêts de manière transparente est essentiel pour maintenir l'intégrité et la crédibilité dans les environnements professionnels.

- **Conseils** : Déclarez ouvertement les conflits d'intérêts potentiels et prenez des mesures pour les atténuer ou les éviter. Soyez transparent dans vos décisions et vos actions pour éviter tout soupçon de partialité.

Études de Cas

1. **Transparence dans les Relations Client-Fournisseur**
   - **Exemple** : Une entreprise pratique la transparence envers ses clients en fournissant des informations détaillées sur ses produits et ses services, y compris leurs avantages et leurs limites. Cette approche renforce la confiance et fidélise la clientèle.

2. **Intégrité dans la Gestion des Ressources Humaines**
   - **Exemple** : Un gestionnaire fait preuve d'intégrité en traitant équitablement tous les employés et en prenant des décisions basées sur des critères objectifs. Cette approche favorise un climat de confiance et de collaboration au sein de l'équipe.

L'intégrité et la transparence sont des valeurs essentielles pour construire des relations solides et des organisations prospères. En cultivant ces qualités dans votre vie personnelle et professionnelle, vous contribuez à créer un environnement fondé sur la confiance, le respect et l'équité.

14.3 Bâtir une Réputation Solide

La réputation est l'un des actifs les plus précieux, tant sur le plan personnel que professionnel. Ce sous-chapitre explorera l'importance de l'éthique et des valeurs dans la construction d'une réputation solide et durable.

L'Impact de l'Éthique sur la Réputation

1. **Authenticité et Crédibilité**
   - **Description** : Une conduite éthique renforce votre authenticité et votre crédibilité aux yeux des autres. Les personnes qui agissent avec intégrité sont perçues comme dignes de confiance et dignes de respect.
   - **Conseils** : Cultivez une réputation d'authenticité en agissant de manière cohérente avec vos valeurs et en faisant preuve d'honnêteté dans toutes vos interactions.

2. **Confiance et Respect**
   - **Description** : L'éthique est la pierre angulaire de la confiance et du respect mutuel. Les individus et les organisations qui respectent des normes éthiques élevées gagnent la confiance et le respect de leur entourage.
   - **Conseils** : Bâtissez des relations solides en respectant les principes éthiques de transparence, d'intégrité et de responsabilité. Soyez fiable et honnête dans vos engagements pour renforcer la confiance.

Les Conséquences de l'Éthique dans la Réputation Professionnelle

1. **Réputation d'Entreprise**
   - **Description** : L'éthique organisationnelle influence la réputation d'une entreprise et son attractivité auprès des clients, des employés et des investisseurs. Les entreprises qui agissent de manière éthique bénéficient d'une meilleure image de marque et d'une fidélité accrue.
   - **Conseils** : Priorisez l'éthique dans toutes les décisions et actions de votre entreprise pour construire une réputation solide et durable. Respectez les normes éthiques de votre secteur et veillez à ce que tous les membres de votre organisation adhèrent à ces principes.
2. **Réputation Professionnelle**
   - **Description** : Votre réputation professionnelle repose sur votre comportement éthique, votre professionnalisme et la qualité de votre travail. Une réputation positive peut ouvrir des portes, favoriser des opportunités de carrière et renforcer votre crédibilité dans votre domaine.
   - **Conseils** : Soyez un exemple d'intégrité et d'éthique professionnelle dans toutes vos interactions professionnelles. Respectez les délais, traitez les autres avec respect et maintenez des normes élevées de qualité et de fiabilité dans votre travail.

La Construction d'une Réputation Solide

1. **Consistance et Cohérence**

- ○ **Description** : Construire une réputation solide nécessite une cohérence entre ce que vous dites et ce que vous faites. La cohérence renforce la confiance et la crédibilité, tandis que l'incohérence peut compromettre votre réputation.
- ○ **Conseils** : Soyez cohérent dans votre comportement, vos paroles et vos actions. Respectez vos valeurs et engagez-vous à agir de manière éthique dans toutes les situations.

2. **Gestion des Échecs et des Erreurs**
   - ○ **Description** : La façon dont vous gérez les échecs et les erreurs peut influencer votre réputation. Assumer la responsabilité de vos erreurs et travailler à les corriger de manière transparente renforce la confiance et le respect.
   - ○ **Conseils** : Admettez vos erreurs avec humilité et proposez des solutions constructives pour les réparer. Utilisez les revers comme des opportunités d'apprentissage et de croissance personnelle.

Études de Cas

1. **Réputation d'une Entreprise de Technologie**
   - ○ **Exemple** : Une entreprise de technologie jouit d'une réputation solide grâce à son engagement envers l'éthique dans la collecte et l'utilisation des données des utilisateurs. Sa transparence et son engagement envers la protection de la vie privée renforcent la confiance de ses clients et favorisent sa croissance.
2. **Réputation d'un Leader Communautaire**
   - ○ **Exemple** : Un leader communautaire est respecté et admiré pour son intégrité, son dévouement et son engagement envers

le bien-être de sa communauté. Son éthique irréprochable et son engagement envers les valeurs morales renforcent sa réputation et lui permettent d'avoir un impact positif sur son entourage.

En cultivant une conduite éthique et en veillant à votre réputation, vous pouvez construire une image authentique et respectée qui vous ouvre des portes et vous aide à réussir dans tous les aspects de votre vie. Soyez conscient de l'impact de vos actions sur votre réputation et engagez-vous à agir avec intégrité et éthique dans toutes vos interactions.

Chapitre 15 : Conclusion et Action

15.1 Récapitulatif des Points Clés

Ce sous-chapitre offre un résumé des principaux points abordés dans cet ebook, mettant en lumière les éléments essentiels à retenir pour réussir dans votre vie personnelle et professionnelle.

Importance de la Réussite Personnelle

1. **Définition du Succès Personnel**
   - **Points Clés** : La réussite personnelle ne se limite pas à la richesse matérielle, mais englobe également le bien-être émotionnel, les relations harmonieuses et la réalisation de soi.

2. **Vision et Objectifs Personnels**
   - **Points Clés** : Une vision claire et des objectifs définis sont essentiels pour orienter vos actions et atteindre vos aspirations personnelles.

Fondements de la Réussite Professionnelle

1. **Intégrité et Transparence**
   - **Points Clés** : L'intégrité et la transparence sont des valeurs fondamentales pour bâtir une réputation solide et établir des relations de confiance dans votre vie professionnelle.

2. **Leadership et Communication**
   - **Points Clés** : Le leadership éthique et une communication efficace sont des compétences clés pour influencer positivement votre environnement professionnel et motiver les autres à atteindre des objectifs communs.

Clés de la Réussite Globale

1. **Détermination et Persévérance**
   - ○ **Points Clés** : La détermination et la persévérance sont indispensables pour surmonter les obstacles et transformer les défis en opportunités de croissance personnelle et professionnelle.

2. **Gestion du Temps et des Priorités**
   - ○ **Points Clés** : Une gestion efficace du temps et des priorités vous permet d'optimiser votre productivité et de consacrer vos efforts aux activités les plus importantes et les plus gratifiantes.

Conclusion et Action

1. **Engagement envers le Changement**
   - ○ **Points Clés** : Pour réussir, il est essentiel de rester ouvert au changement, d'adopter une attitude proactive et d'être prêt à sortir de sa zone de confort pour atteindre ses objectifs.

2. **Mise en Œuvre des Stratégies**
   - ○ **Points Clés** : La mise en œuvre des stratégies et des conseils présentés dans cet ebook demande de l'engagement, de la discipline et de la persévérance. Commencez dès maintenant à intégrer ces principes dans votre quotidien pour transformer vos rêves en réalité.

Appel à l'Action

1. **Engagement Personnel**
   - ○ **Points Clés** : Prenez l'engagement personnel de poursuivre votre développement personnel et professionnel en appliquant les principes et les stratégies présentés dans cet ebook.

2. **Suivi et Évaluation**
   - ○ **Points Clés** : Faites un suivi régulier de vos progrès, évaluez vos réussites et identifiez les domaines où vous pouvez encore vous améliorer. Ajustez vos stratégies en conséquence pour rester sur

la voie de la réussite.

Ce récapitulatif des points clés vous offre un guide pratique pour intégrer les principes de réussite présentés dans cet ebook dans votre vie quotidienne. En adoptant une approche proactive et en mettant en pratique ces conseils, vous pouvez réaliser vos objectifs personnels et professionnels et réussir dans tous les aspects de votre vie.

15.2 Plan d'Action pour la Réussite

Ce sous-chapitre propose un plan d'action concret et réalisable pour mettre en pratique les enseignements de cet ebook et atteindre vos objectifs de réussite personnelle et professionnelle.

Étape 1 : Clarifier Votre Vision

1. **Réfléchissez à Vos Objectifs Personnels et Professionnels**
   - Identifiez ce que vous souhaitez accomplir dans différents domaines de votre vie, y compris votre carrière, vos relations, votre santé et votre bien-être.
2. **Définissez Vos Objectifs à Court, Moyen et Long Terme**
   - Établissez des objectifs spécifiques, mesurables, atteignables, pertinents et temporellement définis (SMART) pour chaque aspect de votre vie.

Étape 2 : Élaborer un Plan d'Action

1. **Identifiez les Étapes Nécessaires pour Atteindre Vos Objectifs**
   - Décomposez vos objectifs en étapes réalisables et élaborez un plan d'action détaillé pour chaque étape.
2. **Attribuez des Échéances à Chaque Étape**
   - Fixez des délais réalistes pour chaque étape de votre plan d'action afin de maintenir votre motivation et votre engagement.

Étape 3 : Mettre en Œuvre Votre Plan

1. **Commencez par des Actions Concrètes**
   - Engagez-vous à agir dès maintenant en entreprenant les premières étapes de votre plan d'action.

2. **Soyez Cohérent et Persistant**
    - Restez fidèle à votre plan d'action, même face aux obstacles et aux défis, en faisant preuve de détermination et de persévérance.

Étape 4 : Évaluer et Ajuster

1. **Faites un Suivi Régulier de Vos Progrès**
    - Évaluez régulièrement vos progrès par rapport à vos objectifs et identifiez les domaines où des ajustements sont nécessaires.
2. **Soyez Flexible et Adaptez-vous**
    - Soyez ouvert aux ajustements et aux changements de stratégie si nécessaire pour rester sur la voie de la réussite.

Étape 5 : Célébrer Vos Réussites

1. **Reconnaître Vos Accomplissements**
    - Célébrez chaque étape franchie et chaque objectif atteint pour renforcer votre motivation et votre confiance en vous.
2. **Félicitez-vous pour Votre Engagement et Votre Détermination**
    - Appréciez le chemin parcouru et la discipline dont vous avez fait preuve pour progresser vers votre réussite.

En suivant ce plan d'action étape par étape, vous pouvez transformer vos rêves en réalité et atteindre le succès dans tous les aspects de votre vie. Engagez-vous pleincment dans ce processus et rappelez-vous que la clé de la réussite réside dans votre détermination, votre engagement et votre capacité à agir de manière cohérente vers vos objectifs.

15.3 Votre Chemin Vers le Succès

Ce sous-chapitre conclut votre parcours à travers cet ebook en mettant en lumière l'importance de votre engagement personnel et en vous encourageant à persévérer sur votre chemin vers le succès.

Engagez-vous envers Votre Réussite

1. **Responsabilité Personnelle**
   - **Prenez le Contrôle de Votre Vie** : Vous êtes l'architecte de votre destinée. Assumez la responsabilité de vos actions et de vos choix pour créer la vie que vous désirez.

2. **Détermination et Persévérance**
   - **N'Abandonnez Jamais** : La route vers le succès peut être parsemée d'obstacles, mais avec une détermination inébranlable et une persévérance sans faille, vous pouvez surmonter tous les défis.

Cultivez une Mentalité de Succès

1. **Confiance en Soi et Positivité**
   - **Croyez en Vous-Même** : Développez une confiance inébranlable en vos capacités et adoptez une attitude positive face aux défis.

2. **Mentalité de Croissance**
   - **Soyez Ouvert au Changement** : Adoptez une mentalité de croissance qui vous permet de voir les défis comme des opportunités d'apprentissage et de croissance.

Restez Fidèle à Votre Vision

1. **Clarté de Vision**
   - **Gardez Votre Vision en Vue** : Restez concentré sur vos

objectifs et visualisez votre succès avec clarté et détermination.

2. **Alignement avec Vos Valeurs**
    - **Soyez Fidèle à Vos Principes** : Veillez à ce que vos actions soient en accord avec vos valeurs fondamentales pour construire une vie qui résonne avec qui vous êtes vraiment.

Prenez des Mesures Concrètes

1. **Action Cohérente**
    - **Agissez avec Détermination** : Passez à l'action de manière cohérente et délibérée, chaque pas vous rapprochant un peu plus de vos objectifs.
2. **Apprentissage Continu**
    - **Nourrissez Votre Esprit** : Cherchez toujours à apprendre et à vous améliorer, en restant ouvert aux nouvelles idées et aux nouvelles perspectives.

Félicitez-vous pour Votre Progrès

1. **Célébrez Vos Victoires**
    - **Reconnaissez Vos Réussites** : Prenez le temps de célébrer chaque victoire, aussi petite soit-elle, sur votre chemin vers le succès.
2. **Gratitude et Reconnaissance**
    - **Soyez Reconnaissant pour Votre Parcours** : Pratiquez la gratitude pour tout ce que vous avez accompli jusqu'à présent et pour les opportunités à venir.

Votre succès personnel et professionnel est à portée de main. Engagez-vous pleinement dans votre parcours, restez fidèle à votre vision et persévérez avec détermination. Avec une mentalité de succès, une action cohérente et une gratitude constante, vous pouvez réaliser vos rêves et vivre une vie épanouissante et enrichissante.

Conclusion : Réussir sa Vie : Les Secrets des Leaders

Félicitations ! Vous avez parcouru un voyage enrichissant à travers les pages de cet ebook, découvrant les secrets et les principes essentiels qui vous guideront sur le chemin de la réussite personnelle et professionnelle. En concluant ce livre, prenez un moment pour réfléchir à tout ce que vous avez appris et intégrez ces enseignements dans votre vie quotidienne.

Ce livre n'est pas seulement un guide, mais aussi un compagnon de route sur votre chemin vers le succès. Vous avez exploré les fondements de la réussite, découvert l'importance de la vision et des objectifs clairs, et appris à cultiver des habitudes et des attitudes qui vous propulseront vers vos aspirations les plus élevées.

La réussite n'est pas un objectif lointain à atteindre, mais un voyage continu de croissance, de développement et d'accomplissement. C'est une combinaison d'efforts délibérés, de persévérance inébranlable et de courage face aux défis. En suivant les principes énoncés dans cet ebook, vous êtes sur la voie de réaliser vos rêves les plus profonds.

Rappelez-vous toujours que le succès ne se mesure pas uniquement par des réalisations matérielles, mais aussi par votre épanouissement personnel, vos relations harmonieuses et votre contribution positive à la société. C'est un équilibre délicat entre prospérité extérieure et paix intérieure.

Continuez à vous engager envers votre croissance personnelle et professionnelle. Soyez ouvert aux défis, apprenez de vos échecs et célébrez vos succès. Gardez votre vision en vue, restez fidèle à vos valeurs et maintenez une mentalité de succès dans tout ce que vous entreprenez.

En conclusion, je vous encourage à prendre ces enseignements et à les mettre en pratique dans votre vie quotidienne. N'oubliez pas que le pouvoir de réussir réside en vous. Avec détermination, persévérance et une vision claire, vous pouvez réaliser l'impossible et atteindre les étoiles. Bonne chance sur votre chemin vers le succès !

About the Author

Je m'appelle Pascal Leroy. Il y a bien des années, j'ai pris une décision audacieuse qui a radicalement transformé ma vie et ma carrière. J'ai choisi d'interrompre mes études en médecine pour me consacrer pleinement à des domaines qui me passionnent profondément : la gestion de la perte de poids, la gestion du stress et du burn-out, le développement personnel, ainsi que la création de guides pratiques et de méthodes concrètes et efficaces pour aider les autres à atteindre leurs objectifs.

Mon parcours a commencé par une fascination pour le fonctionnement du corps humain et les mécanismes de l'esprit. Cependant, au fil du temps, j'ai réalisé que ma véritable vocation résidait non pas dans la pratique de la médecine traditionnelle, mais dans l'accompagnement des personnes vers une vie plus saine, équilibrée et épanouie. Cette prise de conscience m'a conduit à explorer des approches holistiques et intégratives, alliant connaissances médicales et techniques de développement personnel.

Dans mon cabinet, je reçois des personnes en quête de conseils pratiques et de solutions simples mais efficaces pour retrouver leur équilibre et surmonter les épreuves de la vie sans difficultés majeures. Je ne prétends pas être un magicien ou un faiseur de miracles, mais j'applique des enseignements simples et pragmatiques que j'ai acquis au fil de mon expérience, en côtoyant une grande diversité de cas.